幕末江戸と外国人

吉崎雅規

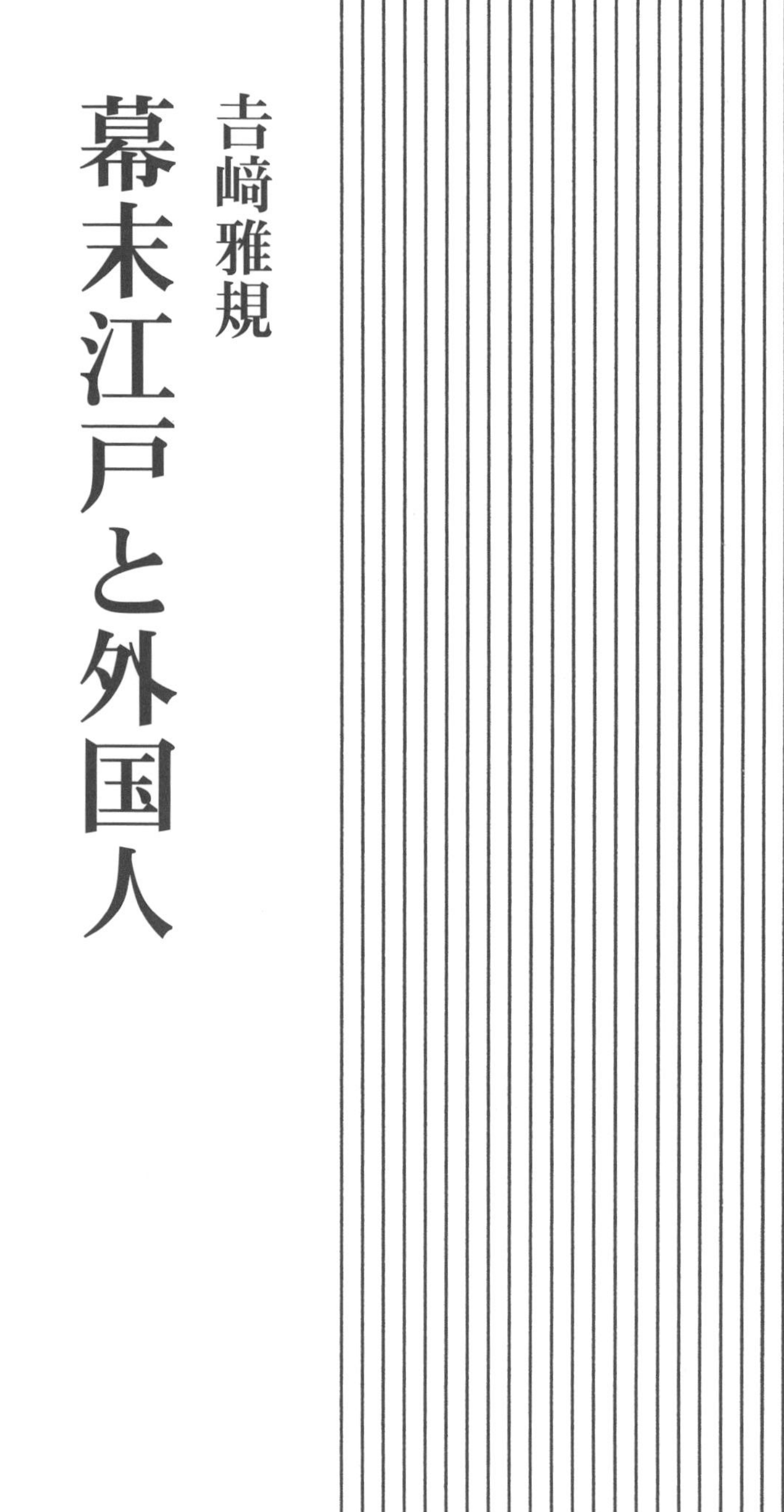

はじめに

東京を訪れ、東京に住まう外国人は増加の一途である。むろん、大きな災害や世界的な不況によってその勢いが落ちることはあったが、長期的に見るとここ五〇年ほどのあいだ、東京の地を踏む外国人はその数を大幅に増している。新橋のガード下の飲み屋に外国人の姿を見かけることはさして珍しいことではなくなったし、郊外には外国語の看板が林立する外国人集住地区が出現しつづけている。東京は、世界各地からやってくる民族も宗教も異なる多くの外国人をその都市のなかに包みこむようになった。現在、東京がどのように外国人と向きあうか、という課題はますます重要になってきている。

東京と外国人のつきあいは幕末にさかのぼる。安政五年（一八五八）、幕府はアメリカを皮切りに、オランダ、ロシア、イギリス、フランスの欧米五ヶ国と修好通商条約を結んだ。条約の規定により翌年六月二日に横浜・箱館（函館）・長崎が開港され、欧米諸国との自由貿易がはじまる。と同時に、江戸に外国公館が設置され、外交官が初めてこの都市に駐在することになった。しかし、開港とともに江戸にも外国人が滞在するようになったという事実は、意外と知られていないようである。

たしかに、函館・横浜・神戸・長崎などの開港都市にくらべ、東京に異国情緒の香りはうすい。実際、横浜が開港されてからも、江戸に外交官以外の外国人が立ち入ることは原則として許されなかった。さらに外国人殺傷事件が江戸で発生し、欧米の外交官は横浜へ居を移すことを余儀なくされる。このようないきさつもあり、幕末の江戸という時空のなかで外国人の姿はさほど大きくとらえられていないようである。しかし、残された記録を丹念に調べてみると、外国人の存在がこの都市にけっして小さくない影響をあたえていたことがわかる。

江戸の都市史研究は一九八〇年代以降大きく進展をみている分野であり、都市江戸にかかわる多様な内実があきらかになってきている。しかし、外国人が幕末江戸の都市空間におよぼした影響や、都市がどのように外国人に対応したのか、という研究はほとんどみられない。一方、日本と外国のかかわりを探る対外関係史の分野も、外交・経済・軍事・文化などさまざまな側面から検討が積み重ねられているが、同様の問題を論じたものは、やはりあまり見あたらない。

横浜をはじめとする開港都市では、外国人が地域にあたえた影響を問う研究が少なからず存在する。それはこれらの都市の成立にあたって外国との関係が深かったことによるのだが、規模において開港都市をしのぐ東京に同じような研究が少ないのは、外国人の存在感が江戸ではうすく、その成立や変容に大きいかかわりがなかったと思われているのだろう。

外国人の存在が江戸という都市と江戸に住まう人々にどのような影響をあたえたのか。そして都市江戸は外国人にどのように対応したのか。本書ではこの問題について、幕末期の江戸の情景を描き出しながら考えていきたい。外国人との関係を幕末の江戸を舞台に考えることは、外国と東京に大なり小なりかかわりを持ちながら暮らす現在のわたしたちにとって、さまざまな示唆をあたえてくれるのではないだろうか。

＊本書中、史料の引用については、原文の読み下し、あるいは現代語・日本語に訳して紹介した。また、史料の内容を整除した部分があることをお断りしておく。

＊本書では原則として和暦（太陰暦）により日付を表記しているが、史料の性質によって西暦（太陽暦）による日付を用いた箇所がある。その場合は西暦年を先に記した。

目次

第二章　都市江戸への波紋……45

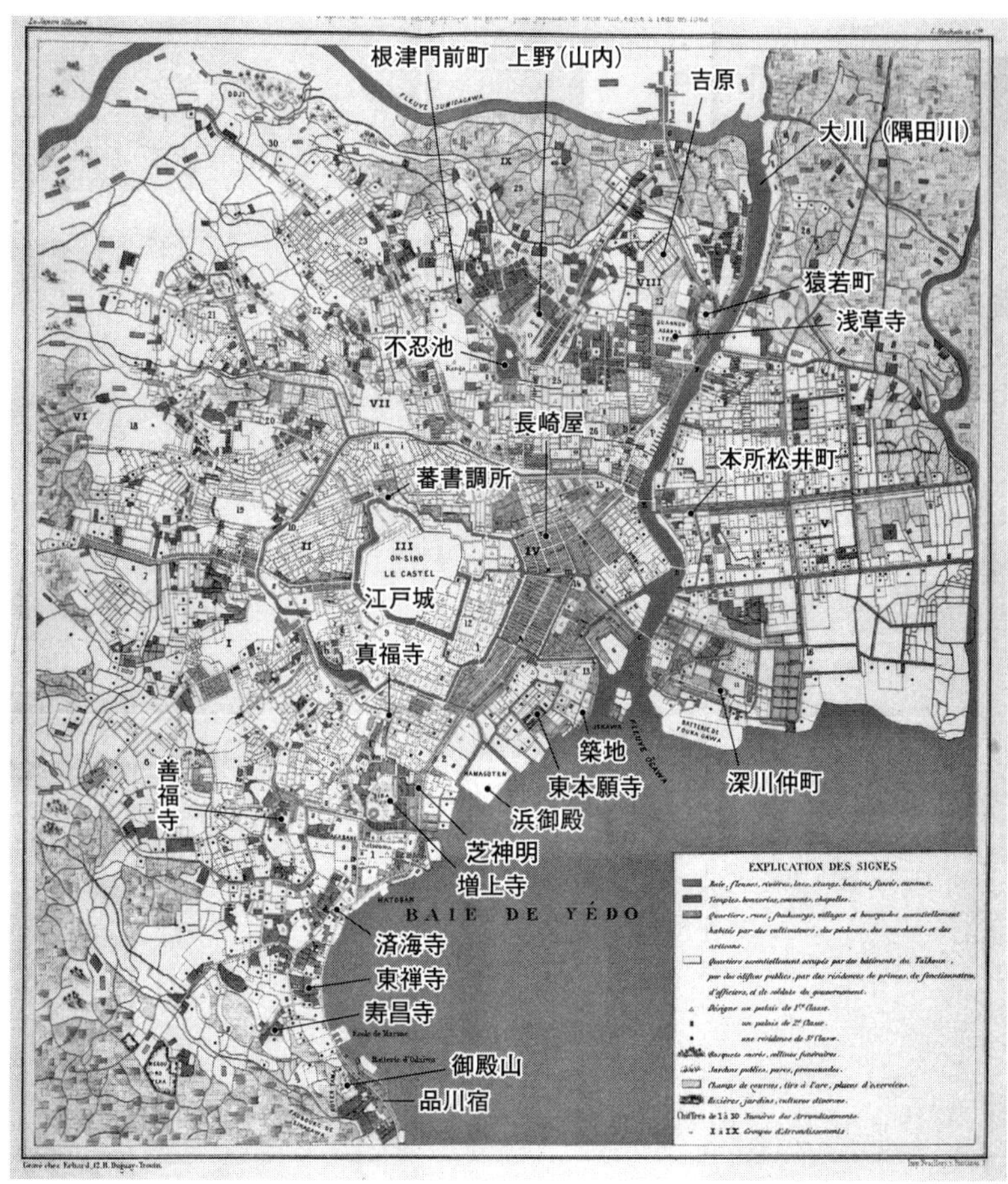

地図１　幕末期江戸地図

・Aimé Humbert, *Le Japon Illustré* 1870（横浜開港資料館蔵）所収の地図の上に、本書に関係する地名を表示した。

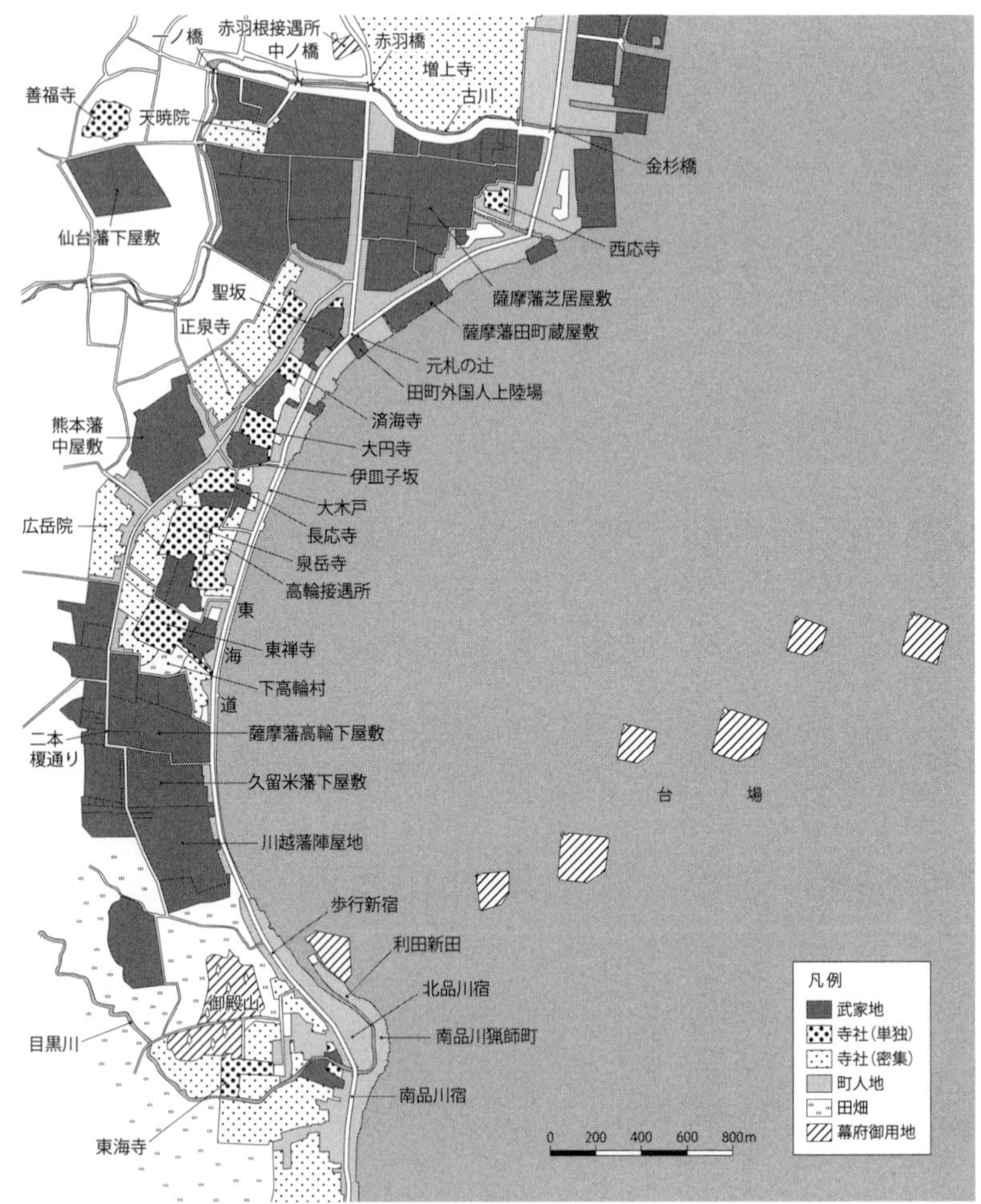

地図2　幕末期三田・高輪・品川周辺土地利用図

・本図は「二万分一迅速測図」（国土地理院蔵）、各種江戸図、その他参考資料をもとに筆者が作成した。細部には正確ではない部分もある。
・三田・高輪・品川地域のうち、東海道・二本榎通り・（現）桜田通りの周辺を中心に、安政（1854～60）初年の土地利用の概要を示した。
・本書に関係する安政５年以降の情報も付加している。
・白地は空き地ではなく、情報を拾っていない部分である。

地図3　三田・高輪・品川周辺地形図

・地図2に「デジタル標高地図　東京都区分とその周辺」(国土地理院作成、平成14年(2002)計測)を参考に地形の高低を表示した。
・標高の境界線(等高線)は厳密なものではなく、江戸時代の地形とは一部異なる。
・二本榎通り上の標高は現在最高30メートルほどである。

第一章　外国使節の江戸駐在

一　ハリスの江戸出府

1　ハリスが江戸に入った日

安政四年（一八五七）一〇月七日、アメリカの初代駐日総領事タウンゼンド・ハリス（Townsend Harris）は通訳のヘンリー・ヒュースケン（Henry C. J. Heusken）とともに下田（静岡県下田市）を出発、幕府役人の護衛を受けながら江戸に向かった。幕府との長い交渉のすえ、ハリスは江戸に入ることをようやく許されたのである。

ハリスは、九日に修善寺を通過して三島に到着。一〇日に箱根の関所を通り、小田原に宿泊する。一一日は藤沢に泊まり、一二日に神奈川をへて川崎に達した。一〇月一四日、早朝に川崎を発ったハリスは東海道を進み、品川宿から江戸に入る。

図1　江戸の庶民の描いたハリス（右）**とヒュースケン**（左）
『ゑひすのうわさ』5巻、国立国会図書館蔵

この日、薩摩藩士の鎌田正純はハリス一行の「覗きのため、田町御屋敷御目付長屋へ参る、八ツ（午後二時）前ごろ通行これあり」（『鎌田正純日記』三）と日記に書きつけた。ふだんは藩の芝屋敷（ＮＥＣ本社付近）に勤務する鎌田だが、東海道に面した田町蔵屋敷（ＪＲ田町駅付近）にわざわざ赴いてハリスを見物したのである。多くの人々がこの日、ハリスを見るため沿道に詰めかけたのは想像に難くない。

ハリス自身は江戸に入ったときの情景を、ボストンの雑誌に次のように語っている。

　今や群衆は立ちあがっています。……人々は通りの両側に張られたロープの後ろにいます。群衆はあらゆる身分の男、女、そして子供たちです。ことに女性が多くを占めていました。わたしは、この都市に入ってからわたしの住居まで道に沿って伸びるこの二筋の人々の数を、およそ三〇万人と見積もりました。このような多数の群衆にもかかわらず、わたしは先触れの「サッ、サッ！」という規則正しい声をのぞいて、一言の声も耳にしませんでした。

（"Consul Harris in Japan" *Littell's Living Age* 60 一八五九年一・二・三月）

無数の江戸っ子がハリスの江戸入りを静かに見物したのである。ハリスにとって感動的な光景であったろう。

実はハリスのいう見物人三〇万人は誇張された数字である。なぜなら、ハリスは道のりと人々の肩幅を掛け算して、「品川からわたしの宿所までの道筋に列をなした人々の数を、一八万五〇〇〇人と計算した」と日記に記しているからである（『ハリス日記』）。しかし、ハリスが人数を水増ししたのはたんなる見栄からではあるまい。近代国家の外交使節が初めて江戸へ入ったというこの歴史的意義を、アメリカ市民により強く伝えようという気持ちがあったのではないだろうか。事実ハリスは日記に、「わたしはこの都市に迎え入れられたはじめての外交代表である」と書き、このことが「日本の歴史においてより重要なエポックとなるだろう」とも記しているのである。

ハリスの江戸入りは、外国とのつきあい方が大きく変わったことを示す象徴的なできごとであった。それでは、ハリスはどのようないきさつをへて江戸に入ることができたのだろうか。江戸と外国人の関係を考える第一歩として、この問題について見ていこう。

2 江戸行きの要求

さかのぼること一年三ヶ月前の安政三年（一八五六）七月二一日、ハリスは伊豆半島の南東部に位置する下田に来航、八月五日に下田の町から二キロほど離れた柿崎村（下田市柿崎）の玉泉寺に領事館を開いた。安政元年に締結された日米和親条約にもとづき、アメリカが日本に置いた初の外国公館である。つまり、近代国家の外交使節が常駐する初めての施設でもあった。そのような重要な施設を、江戸から陸路二〇〇キロ離れた下田に指定したところに、外国人を江戸や日本人から遠ざけようという幕府の意図が垣間見える。

九月二七日、ハリスは外国掛（外交担当）老中に手紙を書く。ハリスは、将軍に大統領の親書を手渡すとともに、日本に関する「重大事件」を幕府高官に直接伝えたいとし、自身が江戸に入ることの許可を求める。しかし、江戸時代の対外関係の枠組み（「鎖国」）のもとでは、近代国家の使節が江戸を訪れることはない。

さらに、ハリスの江戸入りには反対意見が少なくなかった。川路聖謨（としあきら）ら海防掛勘定奉行は、「驕慢の夷人、この方（幕府）の指図に随（従）ひ、諸事神妙に振る舞い候儀は、はなはだもって覚つかなく」と考えており、そのような外国人が江戸を歩きまわったら「御武威と申すものはこれなきよう」になる、と幕府の権威の失墜を恐れている（『幕末外国関係文書』一五）。外国人の江戸入りに対する警戒感は強く、ハリスの出府交渉は難航する。

このような交渉のさなか、ハリスの注目すべき発言があった。

安政四年二月三日、ハリスは下田奉行井上清直らと江戸出府に関する折衝を下田でおこなっていた。ハリスは江戸に赴く理由として、下田では幕府の外交担当者との会見が難しいことを指摘し、さらに次のように述べた。

外国において重事はすべて国君の都下にて取り扱い候儀につき、江戸にこれなくてはご談判つかまつりがたく……

（「森山多吉郎日記」東京大学史料編纂所蔵）

ハリスは、重要な外交交渉は「国君の都下」、つまり首都でおこなうのが世界の常識であるから、江戸以外の地では交渉ができないと言うのである。ハリスのこの言葉はのちに大きな意味を持つことになる。

しかし、幕府はこのときもハリスの希望を受け入れなかった。幕閣をリードしていた老中阿部正弘がハリスの出府に慎重だったのである。ところが、阿部は六月一七日に三九歳の若さで病没、その流れが変わる。七月二日、老中首座堀田正睦は、ハリスが出府した場合の応接に関して調査を命じた。幕府上層部はハリスを江戸に迎えることをやむを得ないと考えはじめていた。

3 ハリスを迎える論理

幕府はハリス応接の実際的な準備を整えるとともに、なぜハリスを江戸に迎えることになったのか、このことを諸方面に説明する必要に迫られていた。欧米の外国使節の江戸入りは、江戸時代の外交のありかたを大きく変更することになるからである。

安政四年（一八五七）七月二四日、御三家・御三卿に対し、将軍徳川家定の内意というかたちで、ハリスの江戸参府に関して次のような考え方が示された。

和親の国々（の使節）が国王の書翰を持参してきたとき、その「都府」（首都）に参上して帝王へ拝謁し（書翰を）差し出すことは「世界普通の取りはからい」とのことである。徐々に世界の

郵便はがき

料金受取人払郵便

麹町局承認

760

差出有効期限
2021年5月
16日まで

102-8790

204

東京都千代田区飯田橋4-4-8
東京中央ビル406
株式会社 同成社
読者カード係 行

ご購読ありがとうございます。このハガキをお送りくださった方には今後小社の出版案内を差し上げます。また、出版案内の送付を希望されない場合は右記□欄にチェックを入れてご返送ください。 □

ふりがな
お名前　　歳　　男・女

〒　　TEL

ご住所

ご職業

お読みになっている新聞・雑誌名

〔新聞名〕　　〔雑誌名〕

お買上げ書店名

〔市町村〕　　〔書店名〕

愛読者カード

お買上の
タイトル

本書の出版を何でお知りになりましたか？

イ．書店で　　ロ．新聞・雑誌の広告で（誌名　　　）

ハ．人に勧められて　　ニ．書評・紹介記事をみて（誌名　　　）

ホ．その他（　　　）

この本についてのご感想・ご意見をお書き下さい。

注文書

年　月　日

書　名	税込価格	冊　数

★お支払いは着払いでお願します。また、ご注文金額（税込）が１万円未満のときは荷造送料として410円をご負担いただき、1万円以上は無料になります。なお荷造送料は変更する場合がございます。

形勢が変わってきているので、日本においても寛永以来の外国とのつきあい方を変更しなくてはならないだろう。アメリカとは条約も締結して「和親の国」になったので、その官吏（使節）がこのたび参上することをご許可になったのである。

（『幕末御触書集成』六）

幕府は、首都で「帝王」が外国使節と謁見することを「世界」（近代国際社会）共通の対応と説明する。そして、日本はアメリカと和親条約を締結して「和親の国」という関係になった、つまり、近代国際社会に参入したのだから、その外交ルールにしたがってアメリカ使節の江戸参府を許可する、という論理を立てた。この論理に「重事はすべて国君の都下にて取り扱い候」というハリスの発言が影響していることはあきらかだろう。くわえて、寛永期（一六二四〜四四）に成立した対外関係の制度、いわゆる「鎖国」政策も世界情勢の変化にともなって変更しなくてはならないとの認識もここに示されている。

さらに八月一七日、江戸の町にハリスの江戸参府が次のように触れ出された。

豆州（伊豆）下田に在留のアメリカ官吏が、国書を持参して江戸に参上することを願い出ているが、このことは寛永以前にイギリス人等にたびたびお目見えを仰せつけた「御先蹤（せんしょう）」（先例）もあり、また条約の取り替わしが済んだ国の使節が都府に参上することは「万国普通常例」とのことであるから、近々当地へ呼び寄せて登城・拝礼をお命じになるとのご沙汰である。

（『江戸町触集成』一七）

この触れでは、「寛永以前」（「鎖国」成立以前）にイギリス人が将軍に「お目見え」をおこなったという先例が示されている。慶長一八年（一六一三）、イギリス使節ジョン・セーリス（John Saris）は、駿府（静岡県静岡市）で徳川家康に拝謁して国王ジェームス一世の国書を奉呈した。さらにセーリスは江戸で二代将軍徳川秀忠にも謁見している。先例とはこの事実を指す。

幕府は、「鎖国」成立以前の江戸において外国使節が将軍に拝謁していたという事実を探し出し、その江戸参府が前例のないことではない、ということを示そうとする。国際社会のルールに則る、ということだけでは納得しない向きもあったのだろう。

このような論理を作り出すことによって、江戸という都市はハリスを迎え入れることが可能になった。ハリスの江戸入りは、ハリスがみずから言うように「重要なエポック」になったことはまちがいない。それは、この国とこの都市が変わってゆくことを象徴的に示していたのである。

二　公使の江戸駐在をめぐって

1　公使駐在要求と大名の意見

江戸に入ったハリスは、将軍徳川家定との謁見を済ませたのち、幕府に要求を出した。外国公使を江戸に駐在させることと自由貿易を開始すること、このふたつが骨子である。一〇月二六日、ハリスは当時首相格だった老中堀田正睦にこれらを「日本の重大事件」として伝えている。

のちに日米修好通商条約に結実するこのふたつのうち、自由貿易の問題は一般にひろく知られているし、また研究も多い。ところが、外国公使の駐在問題についてはそうではない。けれども、ハリスはこの問題を自由貿易よりもむしろ重要な要望と考えていた。また、幕府にとっても常時外国人が江戸に在住するということは、簡単には受け入れられない要求だった。この要望を日本側はどう受け止め、どう対応しようとしたのだろうか。

一一月一五日、幕府は大名に対して堀田とハリスの「対話書」（議事録）を開示し意見を募った。まっさきに意見書を提出したのは、水戸藩の前藩主徳川斉昭（なりあき）である。排外的な思想で知られる斉昭は、外国人が江戸に入ると「公辺（幕府）を軽蔑」する大名があらわれることを懸念する。そして、

「姦人」の仲介により大名が外国人に「内通」し、江戸の町が焼き払われる可能性すらあると主張した（『幕末外国関係文書』一八）。

斉昭の意見は極端にも感じられるが、外国人が江戸に滞在することの悪影響を心配する声は少なくなかった。たとえば川越藩主（埼玉県川越市）松平直侯はこう指摘する。もし外国人を江戸に置くことを許したら、庶民は外国人の「悪（憎）むべき夷情の患うべきをも忘却いたし、遂には神州義勇の風俗頽敗（退廃）の一端」になるのではないか、と。外国人のもたらす習慣・文化などによって、日本の伝統的な風俗がすたれてゆくことを懸念する意見は、幕末を通じてよく聞かれる。あるいは、現代でもささやかれる声ではないだろうか。

しかし、少数ながら賛成意見もあった。福岡藩主黒田斉溥は、「何のご頓着に及ばず、召し置かれ苦しからず」と、公使駐在に賛意を表明する。斉溥は、公使駐在に反対する人たちの心配ごとは「外国人が都下（江戸）にいたら日本の事情が残らず外国へ伝わってしまう」ことだろうと推測する。しかし、それは「眼前の小事」であり、「かくのごとくひらけ候世界につき、日本のこと、都下に在住いたさず候とも、（外国人は）よく万事存じ居り（知っている）」と指摘して次のように述べる。

> 都下に外国人住居仕り候ことゆえ、別して諸人心得正しく、文武少しも怠り申さず、公私とも少

しも油断これなきよう相なり候えば、人気も振り立ち、かゑつて太平の弊風ご一洗にも相なり申すべく……（同前）

つまり、外国人が江戸に住むことによって、人々が学問・武道を怠らず、仕事もふだんの生活も油断のないように意識すれば、かえって世の中の気風が引き締まって平和な時代の弊害が一掃されるのではないか、というのである。ほかの大名には見られないユニークな指摘である。

さまざまな意見が出るなか、溜間（たまりのま）詰めの大名は一一月二六日、連名で意見書を作成し、「現在日本にばかり公使を置くことは「人気（じんき）」（世の中の雰囲気）に差し障りがある。せっかく懇切に話があった和親の趣旨にも添わないので、日本から公使（「官人」）を外国に派遣するときに同時に日本へも派遣させるようにして、それまでは猶予したほうがよい」と述べた。つまり、延期というかたちで婉曲的ながら公使駐在に反対したのである。溜間詰めとは江戸城中の溜間に出仕し、老中とともに重要事案の諮問にあずかることができる親藩・譜代大名のことである。幕府はその発言を無視できず、ハリスとの交渉姿勢にも影響をあたえた。

2　公使の職掌

さて、そもそも外国公使にはどのような役割と意義があるのか。近代的な国際関係を経験していない幕府にはこのことがいまひとつのみこめていなかったふしがある。開港を主張した開明派の目付・岩瀬忠震（ただなり）でさえ、公使を江戸に置く必要はないと考えていたのである。

そこで幕府は一一月六日、公使の職掌や江戸に置く意義についてハリスから聞き取りをおこなった。日本側は川路聖謨・井上清直ら五人が出席する。

まず川路たちは、「和親の国は相互にミニストル（minister 公使）を派遣しているのか」とハリスに質問した。「和親の国」とは（和親）条約を締結した国（同士）という意味である。ハリスは、「これは一般的なことで、中国以外はいずれの国も首都に（公使を）置いている」と答えた。

続いて幕府側は公使の職務内容を質問する。ハリスは、

「自国と在住している国との交接（交渉）を主とし、自国のことを派遣先（の政府）へ伝達し、派遣先（の政府）のことを自国へ伝えることを第一とする」

と、公使の外交的な役割を説明した。

そして本題である。川路たちは、開港が予定されている神奈川ではなく江戸に公使を置く理由について、

「開港の場所と都下（江戸）は距離もあり、（神奈川に居住していたら）江戸の事情を速やかに理解できず、大事に至る可能性があるために、江戸に公使を置くのだろうか」と尋ねる。ハリスは、「それも公使を江戸に置く理由のひとつだが、自国の政府より伝達される重要なことは、他人を経ずに直接外国事務宰相へ談判する必要があるから、公使を都下に駐在させるのだ」と答えた。くわえて、公使は「自国の別府」として両国のあいだの事務を取り扱うことが職務であり、「意味違いなどがないように何ごとも穏便かつ急速（敏速）に取り扱」うために公使の江戸駐在が必要だと説明する。

さらに、幕府は開港都市に置かれる領事（「コンシユル」consul）と公使の役割の違いを質問する。ハリスは、「領事は、政事（政治外交）にかかわる権限はなく、開港場所において商売筋のみ取り扱い、公使は政事関係を取り扱う」と、その役割の違いを回答し、公使の職掌がより明確になった（「亜墨利加使節対話書」下総佐倉藩堀田家文書）。

なお、外交使節の階級についてつけくわえておこう。当時すでに大使（ambassador）の階級が公使の上位に存在したものの、幕末の日本には派遣されることがなかった。公使にも特命全権公使、弁理公使、代理公使のように何段階かの区分があり、総領事（consul-general）が外交的活動をおこなうこともあった（川崎晴朗『幕末の駐日外交官・領事官』）。日本着任当初のハリスやオールコックがその例である。また、公使・総領事ら各国使節の長を外交代表（diplomatic representative）と総称することもある。

ハリスは外交使節（公使）の職掌に関して、とくに江戸に駐在する意義について、幕府に説明をおこなった。現在わたしたちは外国の大使をあたりまえのように東京に受け入れているが、当時はそのことの意義から説明しないと日本人は納得しなかった。後で述べるが、日本にはまた日本なりの使節接遇のありかたが存在したからである。

3　公使の江戸駐在交渉

安政四年（一八五七）一二月のはじめから、幕府とハリスは修好通商条約の内容について具体的な交渉をはじめる。それに先立って一二月二日、堀田正睦は公使の駐在に関してハリスに次のように述べた。

「公使を駐在させる件は承りたいところだが、親睦の趣旨に背かないことが肝要であり、日本の「人心の折合方」（世論の調整）も考える必要もある。使節を派遣する時期、居住する場所などは、担当の役人よりくわしく交渉させる」

つまり、公使の日本駐在について堀田は総論としては了承したが、その受入時期と場所については明言せず、実務担当者の交渉に委ねたのである。そして堀田は下田奉行井上清直、目付岩瀬忠震を条約交渉の全権に任じる（『幕末外国関係文書』一八）。

一二月一一日、井上・岩瀬とハリスは条約の内容にかかわる実務的な交渉を開始した。開港地に関する折衝のあと、議題は公使駐在問題にうつった。ハリスは「わたしより申し立てている箇条のうち、第一のこと」とこの問題を重視している姿勢を見せ、公使を置く場所をどこにしようと考えているのか、ふたりに尋ねる。岩瀬らは江戸ではなく、六郷川（多摩川）から神奈川のあいだでふさわしい場所を選定したいと答えた。ハリスは江戸に公使を迎えようとしない幕府側の姿勢にいらだった。

公使が江戸に住むことを許さないけれど、公使を受け入れるという彼らの提案はとても不愉快だ。そして、幕府にとっても、公使を従わせようという努力――それは（アメリカにとって）屈辱的な制約がつけられる、をするよりも、公使を迎えることをまったく拒否したほうがましなのではないか。

（国務省長官宛ハリス書簡、アメリカ国務省文書 N.A.M.133 一八五八年三月四日付）

ハリスは、公使が江戸に受け入れられないのであれば、日本に公使を置かないほうがよいとまで言い放ったのである。この強い言葉は日本側の準備していた論理的な反論を封じたようである。

しばらくの議論のあと、岩瀬たちは内緒の話があると前置きして、江戸の浪人がハリスの暗殺を計画していると告げる。浪人はハリスに恨みがあるわけではないが、「外国人を忌み嫌う」感情から暗殺をくわだてており、「外国公使の江戸居住は必ず騒擾の原因になる」と岩瀬らは主張した。ことの真偽はわからないが、日本側はハリスに脅しをかけて江戸居住を断念させようとする。「このアメリカの条約において、合衆国の外交代表の住居を江戸において確保することほど獲得が困難だった条項はなかった」(*North China Herald* 一八六一年三月一六日付) とハリスがのちに述べているように、公使の江戸駐在は日本側の抵抗が強かったのである。

ハリスは外国公使の首都駐在が国際法に定められた権利であり、これを認めない限り条約の交渉をおこなわないと通告。最終的に幕府側は江戸に公使を置くことを承認する。ただし、公使を接受する時期については一八六一年一月一日まで延期するよう求めた。ハリスは自分にそのような権限はない、と拒否する。岩瀬たちは「延期の事を条約へ書き記さなくとも、ハリスの手心にて延期することは難しいだろうか」とさらに懇願する。結果、ハリスは幕府の希望を国務長官に手紙で伝える、とのみ約束した(『幕末外国関係文書』一八、『ハリス日記』)。

幕府は、江戸に外国公使を駐在させることに強い抵抗感を持っていた。逆に言えば、江戸以外であれば、幕府は外国人の駐在にそこまで反対していたわけではない。そして、条約交渉ではハリスに押されるかたちで江戸への公使駐在を認めつつ、ハリスの「手心」によって公使派遣が延期されることを期待していたのである。

4　修好通商条約の締結

ハリスとの条約交渉はほぼまとまったが、幕府は条約を締結するにあたって、勅許（天皇の許可）を得ることをもくろむ。条約は対外関係の枠組みを大きく変更することになるため、幕府は朝廷の権威を必要としたのである。そして、それは難しいことではないと幕府は考えていた。

安政五年（一八五八）二月五日、老中堀田正睦は京都に到着、孝明天皇と朝廷の説得に取りかかる。楽観的な見通しに反して、この条約では「御国威」が立ちがたいため再度衆議せよ、との勅諚が堀田に渡されたのは三月二〇日である。孝明天皇と朝廷は条約締結を許可しなかった。その理由のひとつに、外国人が日本に滞在することへの警戒感があった。たとえば有栖川宮熾仁（たるひと）親王は、「彼カ甲幹（要人）ヲ日本地数箇所ニ在留セシメ恣（ほしいまま）ニ横行」（『有栖川宮日記』安政五年三月一三日付、『大日本維新史料稿本』）することへの憂慮を朝廷に建白し、条約調印に反対している。ハリスとの条約交渉は膠着した。

しかし、事態は海外情勢によって急転する。六月一三日、アメリカのミシシッピー号が下田に入港、イギリス・フランスの連合軍が清を制圧したという情報をハリスにもたらした。アロー戦争が終結したのである。一七日、ハリスは軍艦ポーハタン号に搭乗して下田から神奈川沖（小柴沖説は誤り）に急行、英仏が余勢を駆って来航する可能性を幕府に告げる。一九日、交渉委員の井上清直と岩瀬忠震は同艦上でハリスとのあいだに日米修好通商条約を調印した。勅許を得ない条約調印であった。

この条約により、神奈川・長崎・箱館・新潟・兵庫の開港、江戸・大坂の開市が決まった。と同時に、条約の第一条には「合衆国の大統領は江戸に居留するヂプロマチーキ・アゲントを任じ」（"The President of the United States may appoint a diplomatic agent to reside at the city of Yedo"）と、外交代表の江戸駐在が定められたのである。

欧米の外交代表との恒常的な折衝が予想されたことから、幕府は外交を担当する部局・外国方を新設。七月八日、そのトップである外国奉行に俊英の旗本を任じた。水野忠徳（ただのり）・永井尚志（なおむね）・井上清直・堀利熙（としひろ）・岩瀬忠震の五人である。

七月一〇日、幕府はオランダ代表のドンケル・クルチウス（Jan Hendrik Donker Curtius）と日蘭修好通商条約を調印（長崎にて）。翌一一日にはプチャーチン（Efim V. Putiatin）を代表とするロシアと、一八日にはエルギン伯爵（James Bruce, 8th Earl of Elgin）を全権使節とするイギリスと、九月三日にはグロ（Jean Baptiste Louis Gros）を全権とするフランスと、いずれも江戸において修好通商条約を結んだ（「安政五ヶ国条約」）。それぞれの条約の内容は同一ではないが、外国公使の江戸駐在条項は共通する。

江戸に外国人が住まう、そのはじまりはこの条約の規定にあった。条約の発効は一年後である。

三　外交官、江戸の寺に着任

1　清の欧米公使への抵抗

安政六年（一八五九）六月二日、横浜（神奈川）・長崎・箱館（函館）の三港が開港した。正確に言えば、六月二日（一八五九年七月一日）は日露・日英修好通商条約で定められた開港の期日である（日米修好通商条約では六月五日、つまり西暦七月四日のアメリカ独立記念日）。

横浜では今もこの日を記念して毎年横浜開港祭が開かれている。街の中心ではさまざまなイベントが華やかに催され、港には花火が上がる。公立の小中学校がこの日を休みにしていることもあり、市民なら六月二日を知らぬものはいないだろう。

開港と同時に、江戸の外国公館も六月二日から開くことが可能になった。つまり、日本と欧米諸国の恒常的な外交関係もこの日からはじまった、と言ってよい。しかし、外国公館の開設は今ではさほど注目されておらず、東京ではなんの記念行事もない。

しかし、安政六年六月二日の直前、外国側が意識を注いでいたのはむしろ江戸への公使着任だった。たとえば、初代のイギリス駐日総領事ラザフォード・オールコック（Rutherford Alcock）は江戸に駐在するにあたり、「居住の権利をえるためには最初のもっとも大きな困難が厳然と存在している」（山口光朔訳『大君の都』）と予想していた。つまり、条約を締結したものの、江戸への駐在には日本側の強い抵抗があると外国側は観測していたのである。それには同時期の中国の厳しい状況が関係していた。

アロー戦争に敗れた中国は、欧米諸国と条約締結交渉をおこなう。日本と同様に清も、欧米使節の首都駐在は朝廷の威厳を損なうと考えており、この条項の交渉は難航する。実際、ロシアとアメリカは公使の北京駐在条項を外して条約を調印せざるを得なかった。しかし、イギリスは一八五八年六月二六日（安政五年五月一六日）に締結した天津条約にこの条項を含めることに成功する。ところが、清は条約締結後にその撤回をこころみ、一〇月三日、欽差大臣（外交特使）桂良を上海に派遣。イギリスとの交渉にあたらせたが、使節エルギンはそれを拒否する。

一八五九年六月六日（安政六年五月六日）、イギリス駐清公使ブルース（Frederick Wright-Bruce エルギンの弟）は首都駐在のため上海に到着。翌日フランス駐清公使ブルブロン（Alphonse de Bourboulon）も上海に入った。桂良は会談を申し入れたが、英仏代表は批准書交換のために北京に行くと主張し、会談を拒絶した。条約は元首の裁可が記された批准書を相互に交換することによって効力を生じる。

六月一五日、ブルースとブルブロンは上海を発って北京に向かう。公使を護衛するイギリス艦隊司令官ホープ（James Hope Grant）は一七日に天津と北京を結ぶ運河・白河の河口に到着、船の進行を妨げる障害物を発見した。ホープはこれを除去して進もうとしたが、民勇（人民を訓練した臨時兵）の烈しい攻撃を受ける。結果、イギリス側は軍艦四隻が沈没、五〇〇人近い死傷者を出して、上海に引き上げることになった（矢野仁一『アロー戦争と圓明園』）。

江戸の外国公館開設とほぼ同じ時期、中国は外国公使の首都着任を武力で阻止しようとし、英仏軍は大きい損害を出していたのである。欧米人が首都に駐在するということは、中国ではことほどさようにに困難をともなった。

2　ハリスの善福寺入り

一方、江戸への外交代表の着任はどのようにおこなわれたのだろうか。その具体的な情景を、史料から再現してみよう。

駐日弁理公使に昇進したハリスは安政六年（一八五九）五月二七日、下田で老中太田資始（すけもと）に手紙を書き、「永住の場所（公使館）が決まるまで、江戸にわたしがしばらく住むことができる家」を希望した。ハリスは幕府の期待に反して、条約発効期日に江戸に駐在する意向を示したのである。

六月三日、麻布にある善福寺（港区元麻布）の僧は寺社奉行松平輝聴（てるとし）より呼び出しを受ける。同日夜に代理の善正寺（善福寺の子院）の僧が参上すると、アメリカ公使の「旅宿」となったことを告げられた（『亜墨利加ミニストル旅宿記』）。江戸の外国公館には寺院があてられたのである。四日、ハリスの召し使っている中国人が家財道具を善福寺に運んできた（「村垣淡路守公務日記」）。五日、アメリカの「先詰の者両三人」が善福寺にやってきて、寺は幕府役人の立ち会いのもと座敷を引き渡した。六日、太田資始は善福寺を「仮旅館」とすることをハリスに正式に通知。八日、ハリスは江戸に上陸して善福寺に入り、ここをアメリカ公使館とした。

つけくわえておくと、「公使館」「外国公館」等の名称は幕府側の史料には出てこない。しかし、外国側はみずからの江戸の居所を“(American) legation”などと外交文書に記しており、外国公館と認

図2　善福寺　オルバニー歴史文化研究所蔵　© Albany Institute of History & Art　2代アメリカ公使ロバート・プラインの資料群に含まれている1枚。

識していたことはあきらかである。施設名は外交使節の肩書（公使・総領事等）によって公使館・総領事館などと呼び分けるが、それらを総称する場合、あるいはいずれか特定しないときは外国公館（foreign legation）と表記する。

善福寺にはさっそく外国人の見物に来るものがあった。六月五日、陸奥八戸藩（青森県八戸市）士の遠山庄七は、「アメリカ人雑敷（雑色・善福寺付近の地名）の寺（善福寺）へ参るにつき、見物出掛け候」と記し、一一日にも「善福寺へ外国人参り候ようにつき、見物罷り越す」と書いている（「江戸詰合中日記」八戸市立図書館蔵、岩淵令治「八戸藩江戸勤番武士の日常生活と行動」）。遠山の記述からは、外国人への好奇心こそ感じられるが、危害をくわえようといった敵意はないようである。

3　オールコックの江戸着任

イギリスの外交代表の着任のもようも見てみよう。

総領事オールコックを乗せたイギリス軍艦サンプソン号が江戸の海上に到着したのは安政六年（一八五九）五月二六日のことである。幕府は日英修好通商条約の交渉において「実際には一八六三年まで代表を指名しないように」と要望していたが、イギリスもその要求を容れなかった。

五月二九日、オールコックは浜御殿（現浜離宮恩賜庭園）に非公式に上陸、幕府の案内により高輪の東禅寺（港区高輪）を内見する。東禅寺は「十分な宿泊設備とひろい土地」を有しており、オールコックはここをイギリス公館と決める。この日、イギリスは善福寺も下見する予定だったが、当日に中止になった。善福寺の僧は、イギリス人が東禅寺を「宜しき趣きにつき」（気に入ったようすであるから）見分を取りやめた、と記している（『亜墨利加ミニストル旅宿記』）。

六月一日、オールコックは老中に書翰を送り、東禅寺を宿舎とすることを伝えた。三日、寺には檀

図３「済海寺仏公使館絵図」（部分）東京大学史料編纂所蔵（外務省引継書類）

家日向飫肥藩（宮崎県日南市）伊東家から派遣された足軽が、本堂内の番所と庫裏の入口に二人ずつ配置された（「天寿室日記」）。翌四日にはやはり檀家の仙台藩伊達家が侍六人を、岡山藩池田家も侍・足軽を派遣する。しかし、これはイギリス人が寺に入るのを阻止するためではない。東禅寺を菩提寺とする大名家が、先祖の位牌に万が一のことがあってはならないと人員を置いたのである。

七日、オールコックはサンプソン号から公式に上陸して東禅寺に入り、公使館を置いたしるしとしてイギリス国旗を掲揚した。東禅寺側の記録でも、「七日雨……英人三十人余り移り来たる」とイギリス代表の寺入りを伝えるが、さしたる混乱はなかったようである。危惧されていたような厳しい軍事的抵抗はなく、欧米諸国は江戸駐在の権利を、オールコックの言によれば「やすやすと」、つまり平和裡に獲得することができた。

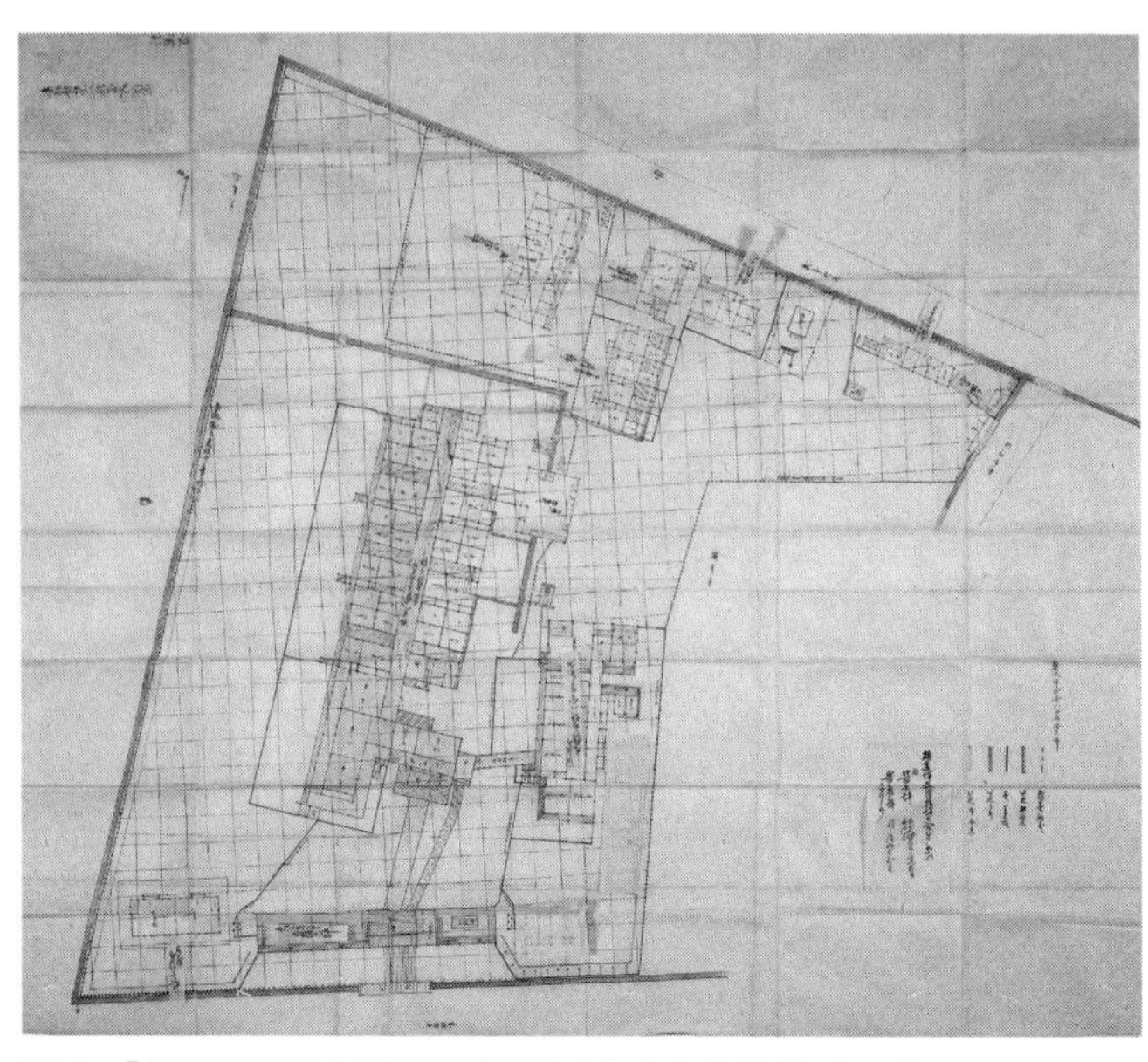

図4 「赤羽根外国人旅宿所絵図」東京大学史料編纂所蔵（外務省引継書類）

日本側は条約交渉時には公使駐在に抵抗したが、実際の外交官の赴任にあたって、それをあっさりと江戸に受け入れたのである。そして、なにごともなく外国公使の着任がおこなわれたからこそ、このできごとは今ではほとんど注目を集めず、研究上でも重要視されていないのかもしれない。

英米以外の動向と江戸の滞在施設についてつけくわえておこう。フランスの外交代表の派遣は少し遅れ、八月二六日に総領事デュシェーヌ・ド・ベルクール（Duchesne de Bellecourt）が江戸に到着し、三田の済海寺（港区三田）を総領事館とした。オランダは開港後もしばらくは長崎の出島を日本における拠点とし、必要に応じて江戸に出府するという体制をとった。江戸における宿所は伊皿子(いさらご)の長応寺（港区高輪）である。一方、ロシアはサハリン（樺太）に近い箱館の領事館を日本における本拠とする。幕末期の江戸には常駐の外交代表を派遣しなかったが、箱館領事（実質的なロシアの外交代表）が江戸を来訪した際には三田小山の天暁院（港区三田）を宿所とした。なお、幕府は短期間の使節の滞在施設として、現在の東京タワーの裏手（港区東麻布）に赤羽根接遇所を建設している。

四　寺院が選ばれた理由

1　江戸時代の外国使節の滞在施設

現在、大使館といえば、都心の広壮な敷地に瀟洒な建物を構えているイメージがあるかもしれない。しかし、幕末の外国公館は寺院の一画を間借りするかたちで開かれた。なぜ外国公館は寺院に置かれたのだろうか。この問題を考える前提として、江戸時代に江戸を訪れた外国使節・外国人の滞在施設を確認しておこう。

正式な外交関係（「通信」関係）のあった朝鮮からは、対馬（宗氏）を経由して、慶長一二年（一

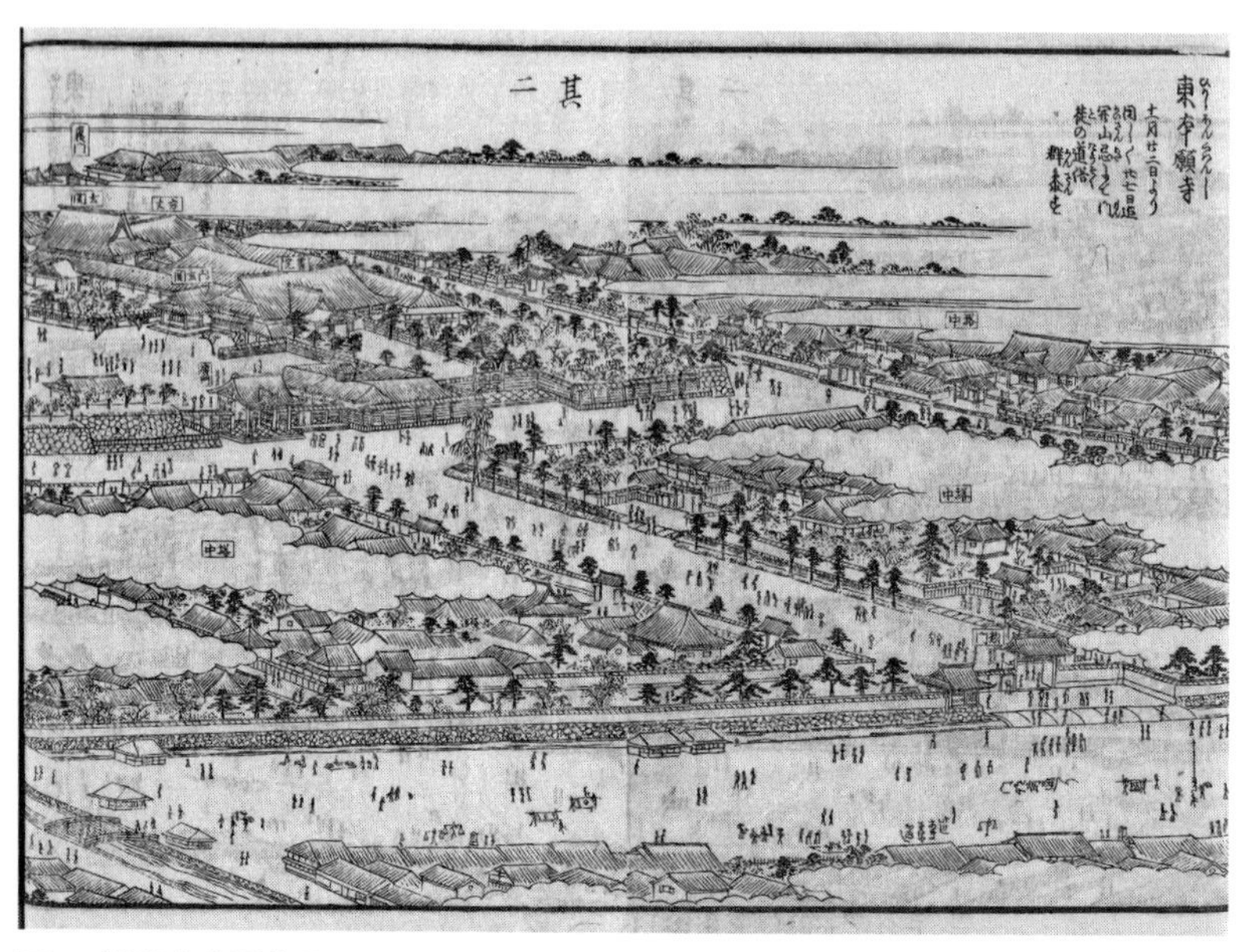

図５　浅草東本願寺『江戸名所図会』巻之六　長谷川雪旦画　天保７年（1836）国立国会図書館蔵

六〇七）から文化八年（一八一一）まで一二回にわたり使節（朝鮮通信使）が日本に派遣される（元和三年（一六一七）の応接は伏見、文化八年は対馬でおこなわれた）。江戸に到着した通信使は、江戸時代の前期（一七世紀）は日本橋馬喰町の本誓寺に、正徳元年（一七一一）以降は浅草東本願寺（台東区西浅草）に滞在した。東本願寺は一万二〇〇〇坪余の寺域に三六の坊舎を有する大寺であり、幕府は勅使に準じる儀礼で通信使を迎える。

　琉球王国は、慶長一四年に薩摩藩によって征服され、江戸時代を通じて実質的に薩摩藩の支配下にあった。しか

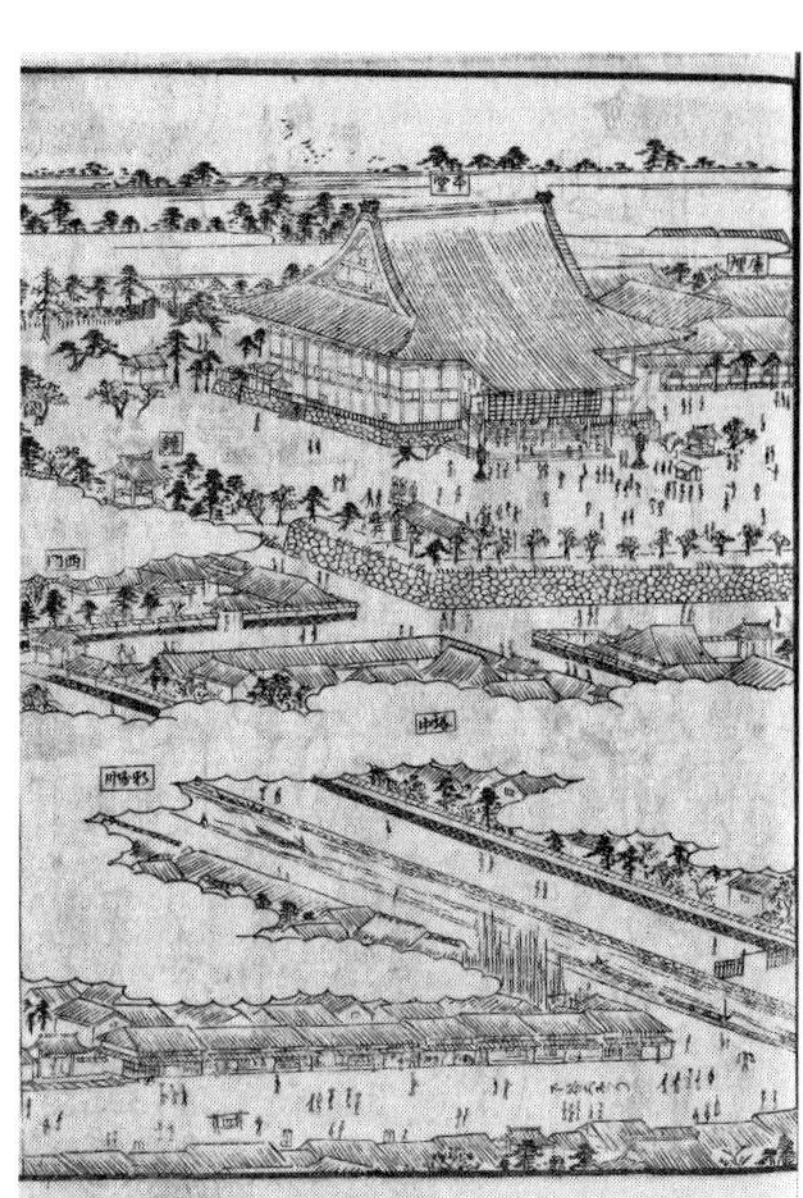

し、中国にも朝貢をおこなう日本の支配体制のなかの「異国」であり、朝鮮とともに「通信の国」と幕府から位置づけられていた。琉球は将軍の代替わり時に慶賀使を、琉球国王の即位時に謝恩使を江戸に送る。使節は寛永一一年（一六三四）から嘉永三年（一八五〇）まで一八回派遣され、芝の薩摩藩居屋敷（藩主が居住する屋敷）に逗留した。琉球は薩摩藩に「附庸（ふよう）」（附属）されていたとの認識から、その礼遇は朝鮮通信使より一段落ちる。

一方、オランダは幕府と正式な外交関係を結ばなかった。しかし、オランダ連合東インド会社は長崎の出島に商館を置いて日本と貿易（「通商」）をおこない、商館長（カピタン）は貿易を許されていることのお礼という名目で江戸にやってくる。その頻度は江戸時代の中期までは毎年、寛政二年（一七九〇）以降は四年ごとで、参府は江戸時代を通じて一六六回におよんだ。正式な外交使節ではない商館長の宿泊先は、町なかの本石町三丁目（中央区日本橋本町）長崎屋源右衛門方である。

このように幕府は相手国との関係によって、江戸における滞在施設の「格」を変えていた。そして、もっとも格の高い接遇とは、使節を格式ある寺院に滞在させることであった。

2　ハリスの宿舎

安政四年（一八五七）。ハリスの初の江戸入りに際して、その滞在施設をどこにするかということが問題になっていた。

六月二九日、幕府はハリスの宿舎の候補をリストアップする。第一の候補は、池上本門寺・品川東海寺・高輪東禅寺といった江戸城から六キロ以上離れた寺院で、ハリスが了承しない場合にそなえて築地本願寺・芝青松寺・小石川伝通院という比較的近い寺院が予備のリストに挙げられていた。候補の寺院はいずれも江戸では格式が高いが、なかでも高輪東禅寺を「家作向き立派、手広」（建築が立派で広い）との理由から幕府は本命に推す（『幕末外国関係文書』一六）。ハリスを迎える儀礼については朝鮮通信使の応接を参考にしたことが指摘されており（佐野真由子「幕臣筒井政憲における徳川の外交」）、滞在施設についても通信使のそれを参照しつつ選定にあたったと考えられる。

ところが八月六日、ハリスは下田で下田奉行井上清直と会談した折、「西洋各国のならわしでは、

「都府」（首都）に（使節が）到着したら城中もしくは王族の居邸へ滞留させ、市中の普通の旅店などへは宿泊させない」（「亜墨利加官吏参上御用留」一、宮内庁書陵部蔵）と発言した。「市中の普通の旅店」とは長崎屋を意識したものだろう。

幕府はもともと町なかの長崎屋にハリスを泊めるつもりはなかったが、東禅寺では江戸城から距離（約六キロ）があり、ハリスから苦情を受けることを恐れた。しかし江戸城の近くには適当な寺院がない。そこで八月一四日、川路聖謨らハリス応接の担当官は、田安門外に位置する蕃書調所（ばんしょしらべしょ）（千代田区九段南）を推薦する。蕃書調所は洋学の教授、外交文書の翻訳などをおこなう幕府の機関で、安政四年一月に開所している。建物は開所前に修復をおこなっているため手を入れる必要がなく、また寺院よりも「御体裁も相整」っているという（同前）。結果、幕府は蕃書調所をハリスの宿舎とする。

幕府は江戸時代の使節接遇のありかたを参考にしつつ、格式の高い寺院をハリスの宿泊施設として準備していた。しかし、ハリスの主張にも耳を傾け、寺院と同等以上の「体裁」を持った施設をハリスの宿舎としたのである。

3　オランダ使節の真福寺

安政五年（一八五八）三月、アメリカに続いてオランダも修好通商条約の締結をめざして外交代表を長崎から江戸に送る。オランダの外交代表（Kommissaris 日本側は「領事官」等と記す）は長崎出島の商館長でもあるドンケル・クルチウスであった。しかし、今回の江戸行きは商館長としてではなく、近代国家の外交代表としての訪問である。このため、幕府はクルチウスの応接のありかたを再考する。

安政五年一月、老中堀田正睦は、「このたび参府するカピタン（商館長）は「領事官」の官職も有している。そのうえ、以降（の外交使節については）「相当の御取扱」に変更するはずなので、今回の応接のありかたは今後の外交官の参府の先例にもなるだろう」と、クルチウスの応接について慎重に検討することを指示。これをうけて二月、長崎奉行たちは老中へ、その宿泊先について次のような提案をおこなった。

> 領事官参府中旅宿の義、先例長崎屋源右衛門方定宿に御座候えども、今般は官職もこれある身分の儀につき、市中旅宿にてはしかるべからず、……かねて仰せ渡されもこれあり候通り、寺院へ差し置かれ候方しかるべく存じたてまつり候。
>
> （『幕末外国関係文書』一九）

オランダ商館長の旅宿は長崎屋が定例である。しかし、今回のクルチウスは「官職」（領事官という外交使節の肩書）を有している。そのため、市中の旅宿は不適当で寺院がふさわしいと判断したのである（拙稿「幕末江戸の外国公館」）。結果として、クルチウスの滞在施設は愛宕山の麓に位置する真福寺（港区愛宕）に決定する。

オランダ使節の滞在施設の変更など、些末なことと思われるかもしれない。しかしこの変更は、幕府が江戸時代の伝統的な外交のありかたを変えようとするこころみの象徴でもあった。

4　寺院の格式

それでは安政六年（一八五九）に外国公館に選ばれた善福寺と東禅寺について見てみよう。

読者は、外国人が小さな寺で不便な生活を送っていたというイメージを持っているかもしれない。実際、オールコックは東禅寺について、「もし日本を流刑地だと考えるならば、（東禅寺よりも）美しい草庵（hermitage）を選ぶことは不可能だったろうと認めざるをえない」（『大君の都』）と述べている。しかし、江戸時代の日本人からみると、それらの寺院は「草庵」ではさらさらなかった。

善福寺は天長元年（八二四）の開創、戦国時代にはすでに関東の浄土真宗の拠点として大きな存在感を放っていた。江戸時代の本堂は一三間四面、境内は一万七七七〇坪。一三の子院（善福寺に付属

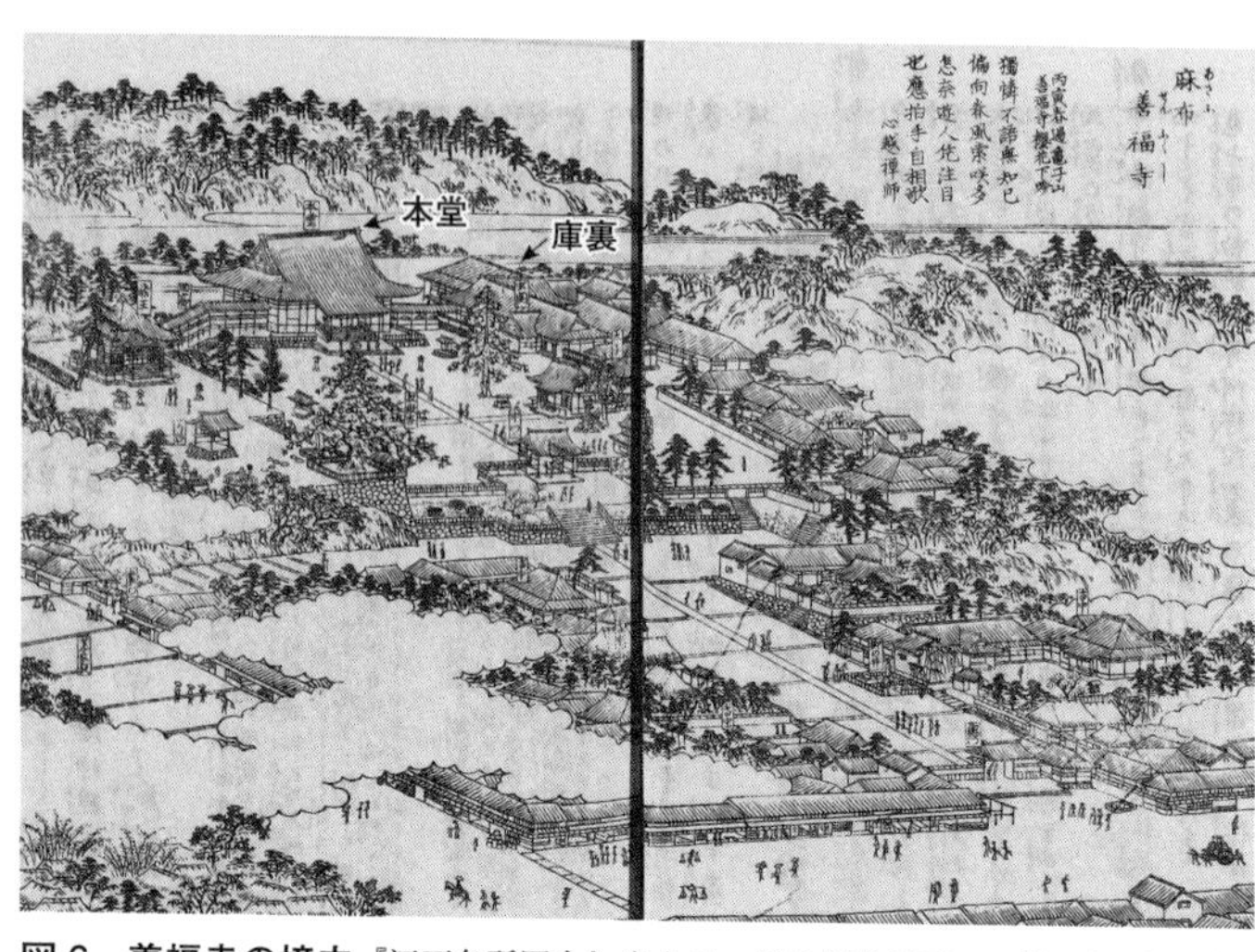

図6　善福寺の境内『江戸名所図会』巻之二　長谷川雪旦画　天保7年（1836）　国立国会図書館蔵　本堂の右手（庫裏）がアメリカ公使館として利用された。

する小寺院）を抱える大寺院である（『御府内寺社備考』七）。

　アメリカ公使館として利用されたのは、善福寺の「庫裏」である。庫裏とは通常僧侶の住居や厨房を指すが、残された図面や絵画から、善福寺の庫裏は三四六坪余りの建坪を有する御殿のような建物だったことがわかる。そしてここには高位の公家も宿泊していた。安政五年一一月、徳川家茂の将軍宣下を祝うために参府し、善福寺を宿とした近衛大納言忠房が滞在したのがこの庫裏であった。アメリカ公使館には格式ある寺院の御殿空間が選ばれたのである（拙稿「『江戸の外国公使館』資料解説」）。

　一方、東禅寺も一万四七七二坪という広い敷地を擁し、仙台藩をはじめとする一四の大名家

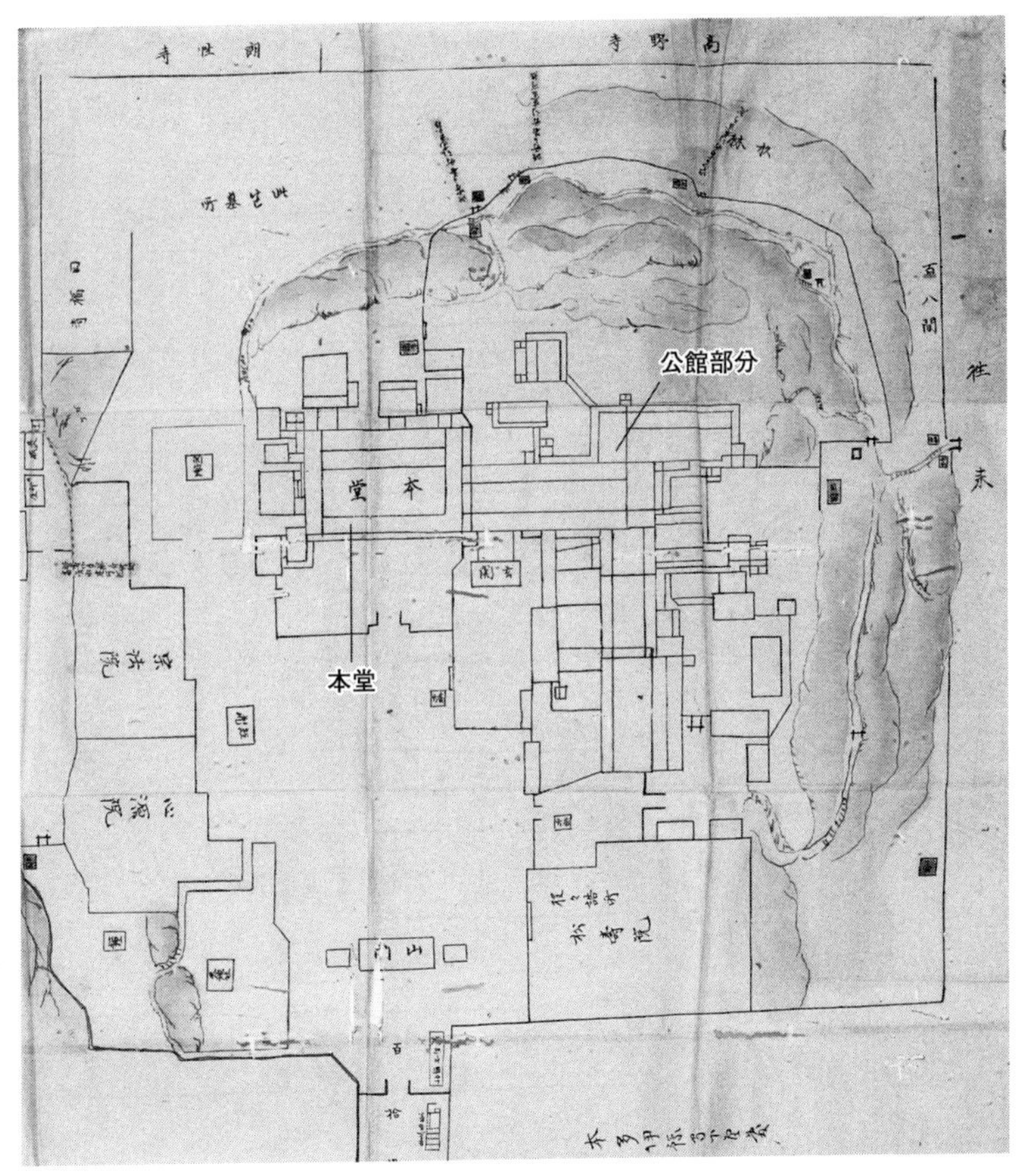

図７　**「東禅寺図」**（部分）東京大学史料編纂所蔵（外務省引継書類）
本堂の右側がイギリス公館部分。書院・座敷などの儀礼空間が存在した。

を檀家としていた。さらに、臨済宗妙心寺派の江戸触頭（ふれがしら）（幕府と宗派をつなぐ役割を持つ）のひとつとして江戸の寺院のなかでも高い格と権勢を誇っており、寺には幕府の使者（上使）を迎え得る儀礼空間（式台・書院など）をそなえていた。この空間の存在が外国使節の滞在施設を選定する際に考慮されたとする指摘もある（竹村到「東禅寺の歴史的概略」）。

外国公館に選ばれた寺院には高い格式とそれを裏づける建築空間があった。当時の人々からすれば、英米の外国公館は「御殿」のような建物に見えたことはまちがいない。

五　江戸の「大使館街」

1　三田・高輪の丘

外国公館の置かれた寺院は、現在の港区三田・高輪周辺に集中した。その理由には、この地域の地理的・社会的な特性が関係している。ここではその特性を、外国人との関係から描き出してみよう。

山手線田町駅から西口に出て三田三丁目の交差点を渡ると、前方は慶應義塾大学の正門だが、まっすぐ進まず左に曲がると聖坂という坂があらわれる。この坂をのぼるとフランスが公館を置いた済海寺である。

当寺庭中の眺望は、実に絶景なり。房総の群山眼下にありて、雅趣すくなからず。朝夕に漂ふ釣舟は沖に小さく、暮れて数点の漁火、波を焼くかと疑はる……

と、済海寺からの眺めを讃えるのは『江戸名所図会』である。この眺望は海からすぐに立ち上がる丘陵という地形がもたらすものであった。

済海寺の建つこの丘は、武蔵野台地の東のへりを形成する山の手台地（淀橋台）の一部で、台地の海側は東京湾の波に削られて切り立った崖（海食崖）となっている。のみならず、江戸の台地のなかでも成立年代の古い淀橋台は、雨水が長い歳月をかけて縦横無尽に谷を刻み、舌のように突き出た台地（舌状台地）をつくりだした。

三田・高輪はこの淀橋台の南部を形成し、台地上の標高は現在約二五〜三〇メートルを測る。高輪は「高縄」とも書き、『新編武蔵風土稿』（巻五七）によれば「土地往還の縄手道にして頗（すこぶる）高き所なれば高縄」と名づいたという。つまり、縄を張ったようにまっすぐ伸びる道が丘の上にあったというのだが、この道が聖坂よりはじまる尾根筋の道——二本榎通り、である。そして、外国公館は二本榎通りに沿った丘の上、もしくは斜面の下に立地した（巻頭地図2・3参照）。

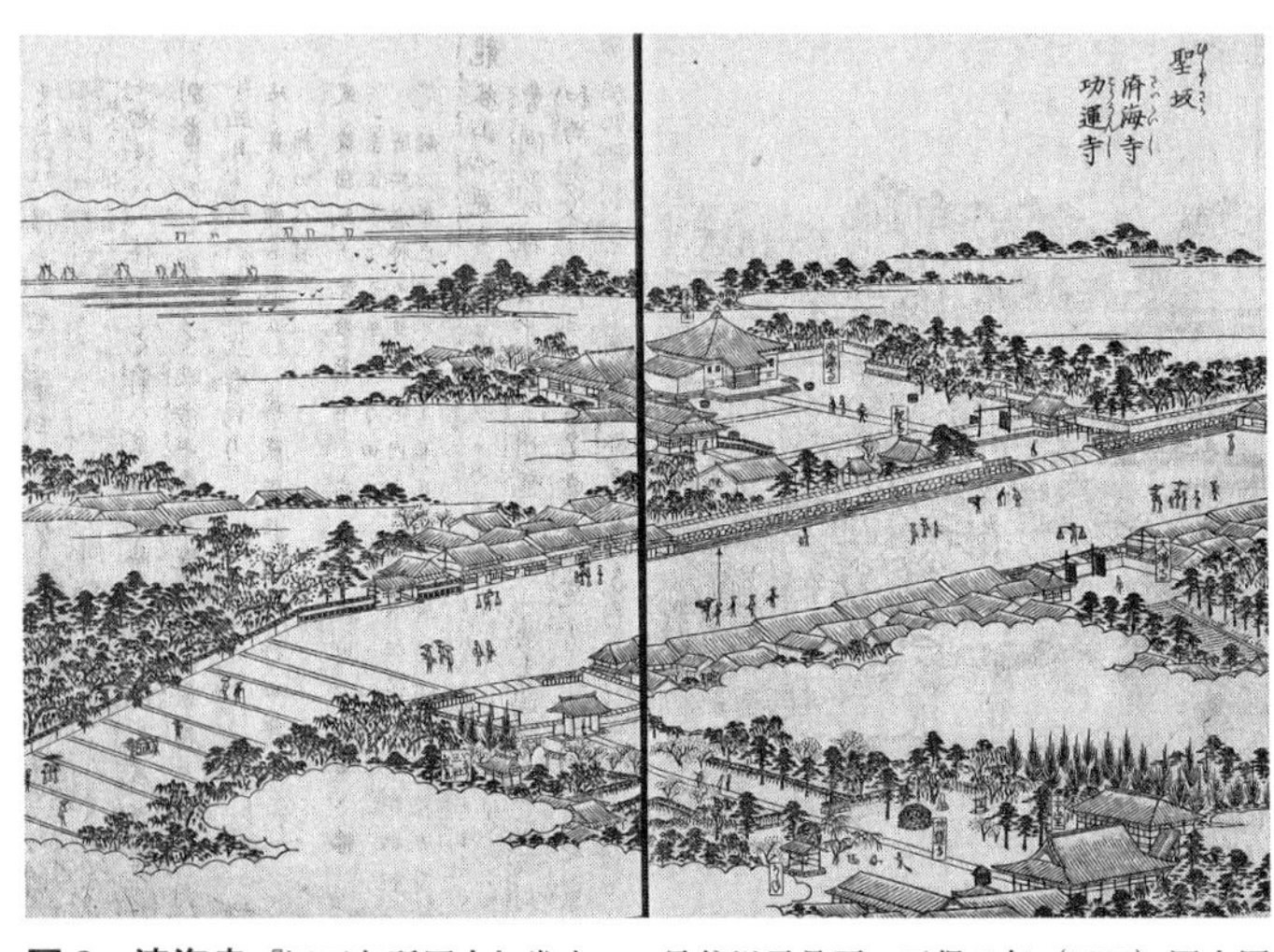

図8　済海寺『江戸名所図会』巻之一　長谷川雪旦画　天保7年（1836）国立国会図書館蔵　図左の聖坂を上った左手に済海寺が立地する。海をへだてて房総の山並みも見える。

これは偶然ではない。丘という地形がまずは外国人を誘ったのである。たとえば、神奈川のイギリス領事は領事館を選定する際、「横浜町の方は地低にて、青木町（神奈川宿の高台）の方は高き地なれば、身の健康のため高き地を求む」と高台を希望しているし（『幕末外国関係文書』二四）、万延元年（一八六〇）に済海寺からの移転を促されたフランスの外交官は、丘の上の済海寺の「眺望」がよいことからそれを拒んでいる（同前、三六）。海に臨む丘は外国側の求める立地条件のひとつだったのである。そして、海際に丘が迫る地形は、三田・高輪をおいて他に江戸にはない。

図9　東禅寺より見た江戸湾と台場　*The Far East* 4–16, 1873年1月16日号
横浜開港資料館蔵

2　江戸湾

三田・高輪はその東を東京湾でふちどられる。江戸時代、東京湾は「内海（うちうみ）」などと記されたが、外国人は"Bay of Yedo"つまり江戸湾と呼んだ。外国の艦船は外海から江戸湾に入って江戸沖に容易にアクセスできる。海の存在は公使館の立地条件としても重要であった。

たとえば、オールコックは東禅寺をイギリス公館と選ぶ際「海上との通信・連絡も容易」であることを重視していたし、イギリス外交官のアーネスト・サトウ（Ernest Mason Satow）も、外国艦船が公館からさほど遠くない海上に見えるということが「在留外国人に相当の精神的効果」をもたらした、と記している（坂田精一訳『一外交官の見た明治維新』）。また、外国

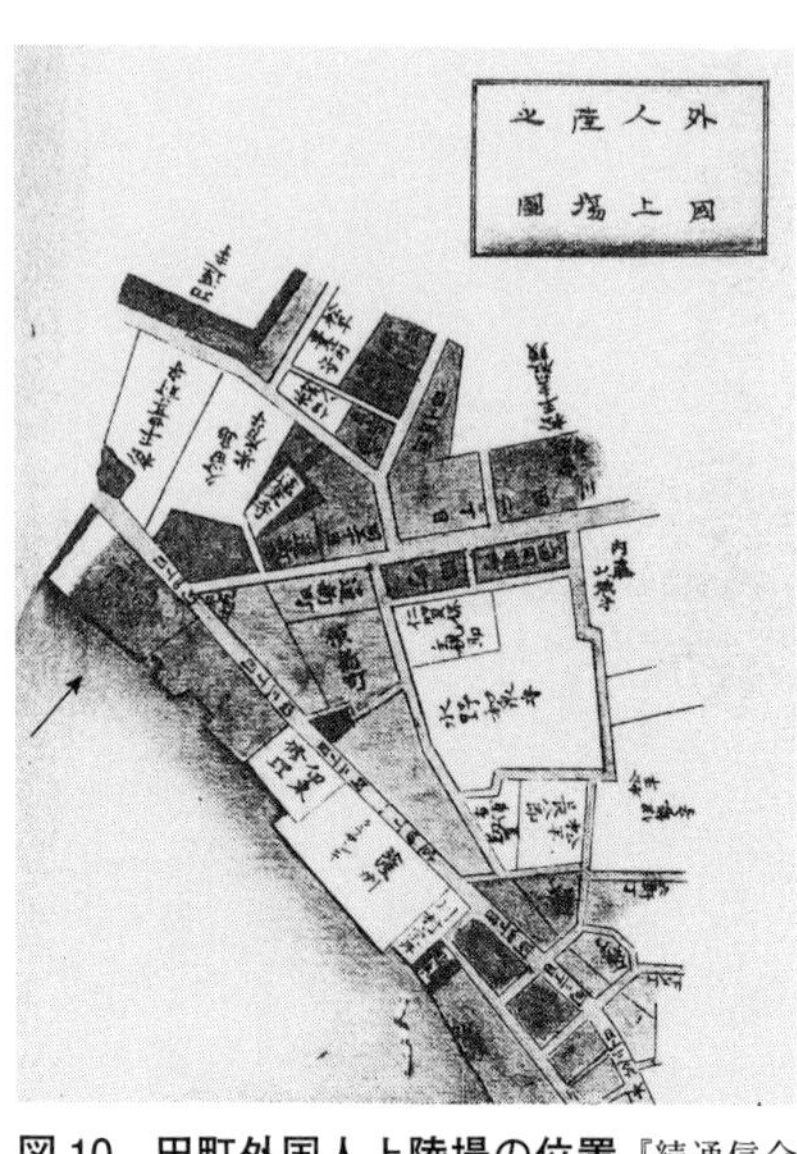

図10　田町外国人上陸場の位置『続通信全覧』類輯之部　館舎門　公使館　田町外国人上陸場一件　外務省外交史料館蔵

公館の立地条件として、イギリスの外交官が「船より籏竿（国旗）」が見えることを条件に挙げることもあった（『幕末外国関係文書』四五）。

実際に外国人はどのように海からアクセスしたのだろうか。安政五年（一八五八）七月五日、日英修好通商条約を結ぶためイギリス使節団がフュリアス号で江戸を訪れた。随行したウィリアム・ジョスリン（William Nassau Jocelyn）は、「江戸の町に近づくと急に浅瀬になりましたので、町から二マイル（約三・二キロ）、水深三尋半（約六・三メートル）のところに投錨しました」（大山瑞代訳「ナソー・ジョスリン書簡集」）と手紙に記している。江戸南部の海際には干潟がひろがっており、外国の艦船は海岸からやや離れた沖合に錨を下ろしたのである。

本船が碇泊した海上からは、ボートに人や荷物を積み替えて陸地まで漕いでいく。たとえば、イギリスの駐日代理公使ニール（Edward St. John Neale）は、「碇泊地点は（陸から）三、四マイル

（四・八〜六・四キロ）の距離があるので、ボートで海岸まで到達するのに一時間半から二時間はかかる」（一八六二年一一月一八日付、イギリス外務省文書F.O.46/25）と記している。

日本側の記録には、「東禅寺河岸」「芝車町河岸」など三田・高輪の海岸に設けられていた河岸（荷揚場）から外国人が上陸しているようすも見える（『藤岡屋日記』八）。また、安政六年の秋には「田町外国人上陸場」と呼ばれる外国人専用の「埠頭」の築造が開始された（『武江年表』）。その位置は芝田町四丁目の海岸側（港区三田）、現在の三田警察署のあたりである（『続通信全覧』「田町外国人上陸場一件」）。

船から自由にアクセスできる遠浅の海辺という地理的環境は、この地域を外国と密接に結びつけていた。

3　寺院街

江戸全体を描いた地図、いわゆる「江戸図」で江戸の南部を眺めてみると、三田・高輪周辺に寺院を示す赤色が目立つ。その多くは江戸時代はじめの都市の膨張に押し出されるかたちで、寛永一二（一六三五）〜一三年に八丁堀から移転してきた寺院である。

聖坂の北西の崖下には一〇〇〇坪程度の小規模な寺院が三〇〜四〇ヶ寺ほど甍を連ね、「三田の寺

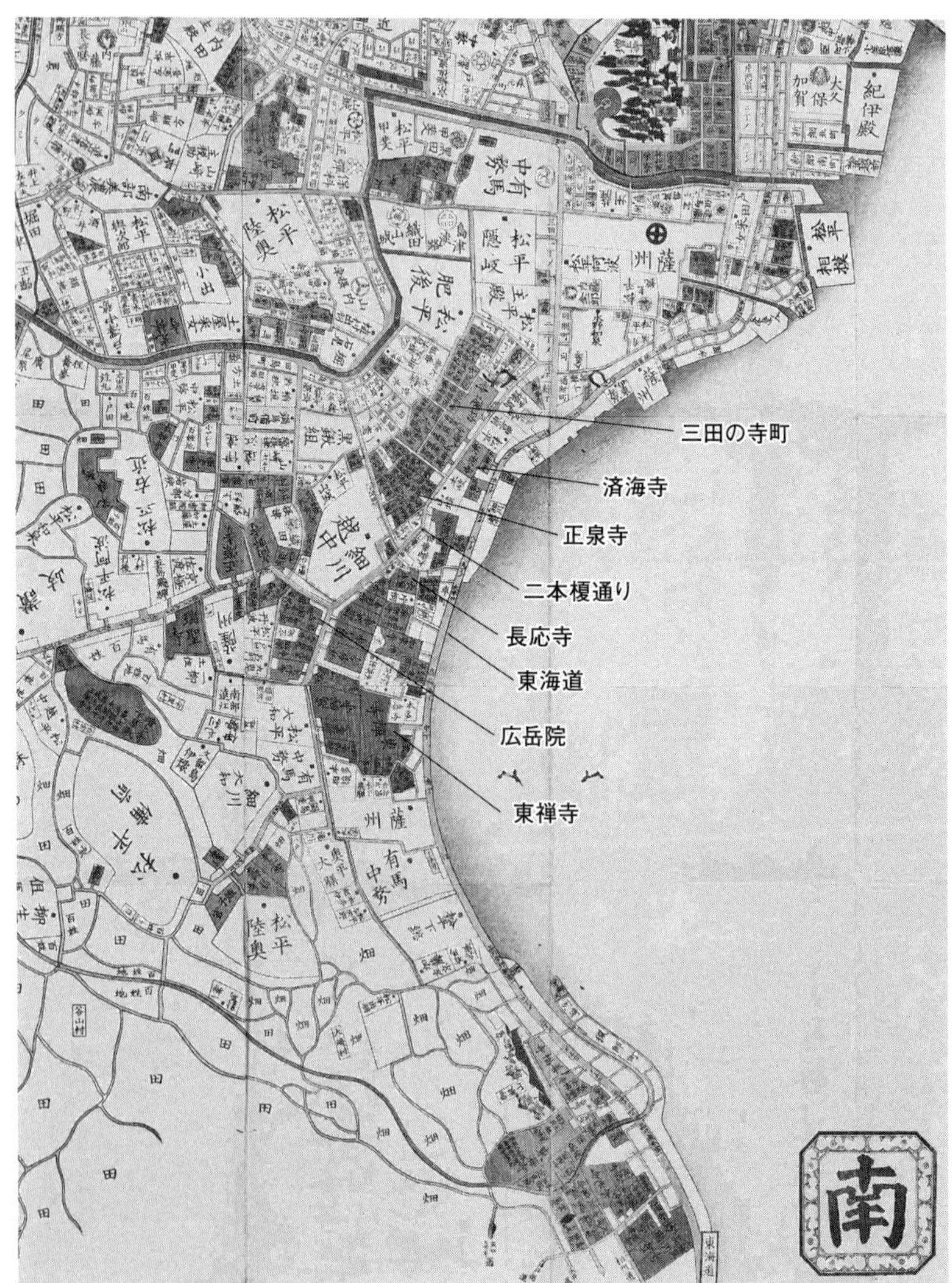

図 11　「〔江戸大絵図〕」（部分）慶応元年（1865）東京都立中央図書館特別文庫室蔵
濃い色で着色されているのが寺院。

図 12　「諸国名所百景 東都高輪海岸」 歌川広重（2代）画　文久元年（1861）東京都立中央図書館特別文庫室蔵　高輪付近の東海道をゆく外国人を描く。画面後景の高輪の丘には外国公館の国旗がひるがえっている。

町」と呼ばれる寺院密集地区となっている。一方、二本榎通りの両側、ことに東側(海側)には規模の大きい寺院が点在する。功運寺・済海寺・大円寺・長応寺・泉岳寺・承教寺・東禅寺といったそれらのなかには、一万五〇〇〇坪もの敷地を有する寺院もある。江戸には他にも寺院が集中する地域はあるが、横浜からのアクセスを考えて江戸の南部、くわえて海寄りとなると、外国公館の候補はほぼこの一帯に限られる。

外国公館がこの地域に集中したことには次のような事情もあった。元治元年(一八六四)八月二二日、スイスの総領事ルドルフ・リンダウ(Rudolf Lindau)は、江戸での滞在施設をフランスまたはオランダ公館の近辺に希望する、と外国奉行に書き送った(『続通信全覧』「瑞西岡士止宿所一件」)。一一月、幕府はこの希望に応じて、済海寺と長応寺の中間にある正泉寺(港区三田)を貸し渡すとリンダウに通知している。遅れて江戸にやってくる外交官が、既存の外国公館の付近に滞在施設(寺院)を求めたのである。そして、その要望に応え得る寺院が、この周辺には多くあった。

三田・高輪一帯は江戸の「大使館街」とも言うべき様相を見せはじめる。

第二章　都市江戸への波紋

一　外国人、江戸をめざす

1　遊歩規定と江戸

外国人の日本見聞記には、江戸に立ち入ることの難しさを記したものがしばしば見られる。たとえばオールコックは、開港前の江戸について「外国人はだれひとりとして首都へ行く道を強引にたどることもできない」と『大君の都』に書き、外国人にとって容易に訪問できる都市ではない、ということを強調する。

実際のところ、外交官が江戸駐在を開始してからも、貿易商人など民間の外国人は修好通商条約の規定により江戸に入ることを許されなかった。横浜に滞在する外国人が自由に散歩（「遊歩」"free to go."）できる範囲は、「六郷川筋を限としてその他は各方へ凡そ十里」。つまり横浜から約四〇キロ四

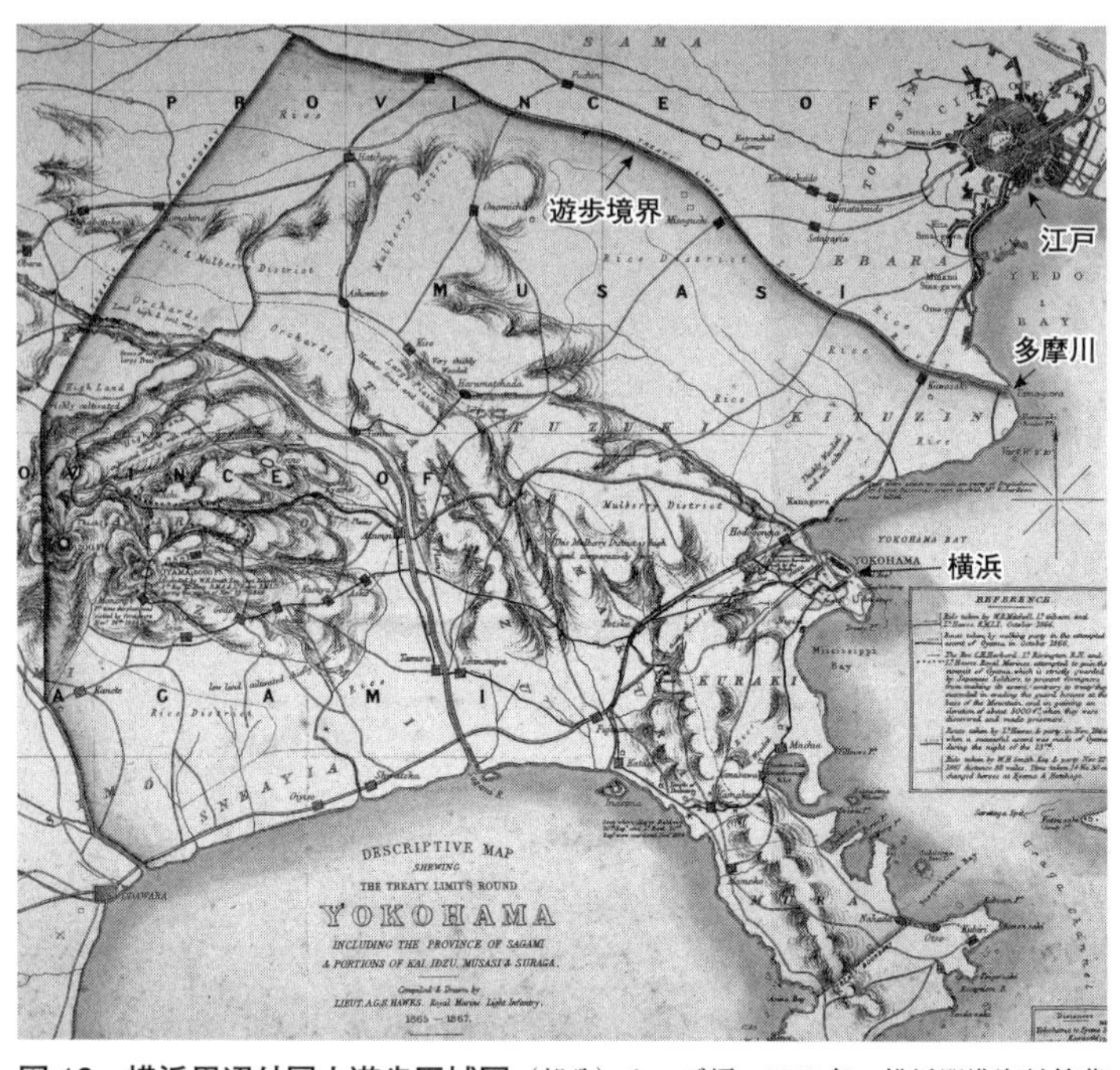

図 13　横浜周辺外国人遊歩区域図（部分）ホーズ編　1867 年　横浜開港資料館蔵

方だが、北の遊歩範囲はそれよりも狭く六郷川（多摩川）がその境界線と定められていた。しかし、外交官以外の外国人が江戸に来ることは本当になかったのだろうか。

なぜこのような疑問を抱くのかといえば、たとえば、アメリカの二代駐日公使ロバート・プライン（Robert Hewson Pruyn）の「家（善福寺）には客がいるのが普通です」「客は途切れることなく来て、また去っていきます」という状態だったと、同居していた息子（Robert Clarence Pruyn）が手紙に書いているからである（一八六二年六月一五日付、ロバート・H・プライン文書、オルバニー歴史文化研究所蔵）。

江戸の外国人がこれまで注目されてこなかった理由に、外国人は江戸に入ることができなかった、あるいは行くことがなかった、との見方があるのではないだろうか。

2　公使の招待と「パスポート」

外交官以外の外国人が江戸を訪れるには、実はさまざまな「抜け道」があった。たとえば、一時的に江戸の公使館スタッフの肩書を付与するという方法で、外国人の江戸入りを合法化することがあった。宣教師として来日したアメリカ人のサミュエル・ブラウン（Samuel Robbins Brown）の場合を見てみよう。万延元年（一八六〇）二月一四日、ブラウンは住んでいた神奈川宿から江戸に出発した。日本語教師の雇用についてハリスに相談することが目的である。ブラウンは遊歩の境界線となっている六郷川についた。ここから先は「パスポートがなければ」進むことができない。そのパスポートを得るための「合法的な称号」として「アメリカ公使館付牧師」という肩書がブラウンにあたえられていた。ブラウンはこの後、江戸の善福寺に赴きハリスに会っているが、公使館に勤務することなくすぐに神奈川に戻っている（高谷道男編訳『S・R・ブラウン書簡集』）。肩書はブラウンが江戸に入るための一時的・便宜的なものであった。

また、公使の招待というかたちをとって、幕府の許可を得ることもできた。たとえば、ロバート・フォーチューン（Robert Fortune）は、「江戸に駐在している各国公使たちは、幕府の承認を得れば、江戸へ彼らの友人を誘うのは常例になっていた」（三宅馨訳『江戸と北京』）と書いている。そして、かれらは公館となった寺院を拠点として、江戸の名所を観光したのである。横浜の外国人には江戸を見物したいという希望があり、また外交官たちも欧米人の少ない江戸に同胞を招くことを望んでいた。おそらくは、このかたちが民間の外国人が江戸を訪れる場合のもっとも一般的な方法であったろう。

それでは、民間の外国人は具体的にどのような手続きをへて、江戸への「パスポート」を手に入れたのだろうか。

慶応元年（一八六五）に来日したハインリッヒ・シュリーマン（Heinrich Schliemann）は、日記にその具体的な方法を記している。のちに考古学者として名を馳せるシュリーマンだが、この時期はまだ考古学の道には入っておらず、世界を周遊する一旅行者であった。

シュリーマンが江戸を訪れるためには、江戸にいるアメリカの代理公使・ポートマン（A.L.C. Portman）からの「招待状を得る必要があった」。しかし、来日したばかりのかれはむろんポートマ

図 14　「江戸ヨリ横浜ニ戻亜墨利加人六郷渡場ニて川崎を見る」
歌川貞秀画　横浜開港資料館蔵

ンと面識がなく、そもそも外国公使からの招待状を入手するのは簡単なことではない。しかし、シュリーマンは横浜のW・グラウェルト商会の「親切な仲介」によって、ポートマンからの「招待」を得ることに成功した。シュリーマンはアメリカの横浜領事フィッシャー（George S. Fisher）から、部下のバンクス（Edward Banks）を通じてその知らせを受け取る。シュリーマンは通知の翌日に江戸へ出発したいと申し出たところ、領事はシュリーマンに付き添う五人の役人の手配とともに、横浜の「日本警察本部に江戸旅行用パスポートを送ってくれた」（福原庸子訳『シュリーマン直筆幕末日記』一八六五年六月二四日付）という。

実際にこのパスポートは六郷川の渡船場番所でチェックがなされていた。安政六年（一八五九）に同所の掟を制定する際、外国奉行は「外国人が通行するときは、かねて渡してある印鑑と引き合わせて手形を改め、まちがいがない場合は通すこと」と書いている（『神奈川県史』資料編一〇）。この「手形」が外国人の言うパスポートのことであろう。

3　江戸への「密航」

しかし、だれでもがパスポートを得られるわけではなかった。外交官とのコネクションのないものは江戸に行くことができず、江戸へ招かれる人たちを「極端な嫉妬の目で」眺めていたという（『一外交官の見た明治維新』）。そのような外国人のなかには、許可を得ずに船で江戸まで「密航」するものもいた。

万延元年（一八六〇）六月一五日の朝五ツ時（午前一〇時）ころ、山駕籠（周囲に垂れのない庶民が使う駕籠）に乗った外国人が、利田（かがた）新地の御台場橋辺（品川区北品川・東品川）で駕籠より下りた。駕籠は金杉橋あたりで雇った流しの辻駕籠のようである。水主（かこ）（船乗り）の身なりをした三人の日本人を供に連れたその外国人は、猟師町（同東品川）の百姓惣左衛門の家へ立ち入り、供の日本人にこう言わせた。

「乗ってきた押送船（おしおくりぶね）（櫓走・帆走可能な小型快速船）が三丁（約三三〇メートル）ほど沖に船待ちしているので、そこまではしけ船を頼みたい」

居合わせた下男の清之助は、家の裏にあった小船に外国人を乗せ押送船まで送り、「骨折」賃（手間代）として金一朱（約五〇〇〇円）をもらった。清之助の証言によれば、外国人は「上官」ではないオランダ人で、横浜から買物のため船で江戸まできて、半弓（遊戯用の短い弓）二張・花火などを購入したという（「『異国・異人関係御用留』」品川区立品川歴史館寄託）。時刻から考えると、江戸には夜の闇にまぎれて上陸したのだろうか。

むろん、こういった行為は修好通商条約の規定に背くものであり、幕府側が抗議をおこなうケースもあった。万延元年七月九日、アメリカ商人のユージン・ヴァンリード（Eugene Miller Van Reed）の審理が横浜のアメリカ領事館でおこなわれた。その容疑は江戸への無断渡航である。（神奈川）奉行は次のようにアメリカ領事に申し立てた。

ある日、ヴァンリード氏は神奈川で一艘の舟を雇った。舟が岸を離れたところで、船頭が抗議するのも聞かず、無理やり江戸まで行くことを強要した。かれは江戸に着くと江戸の町のあちこちをめぐり、さまざまな商品を購入した。

この日、六人の船乗りたちも領事館に姿をあらわし、ヴァンリードが江戸に行ったことを証言した。奉行は、「これらは一八六二年に江戸を開くと決めた条約に違反する。ヴァンリード氏に相応の罰をあたえてほしい」と要望した（Francis Hall, *Japan Through American Eyes* 一八六〇年八月二五日付）。

史料に残らない非合法な「密航」はほかにもあったことだろう。さまざまな伝手ややり方で、外交官以外の外国人が江戸を訪れていたのである。

二　酔っぱらう外国人

1　品川宿の「酔狂」人

外国人が横浜から江戸へやってくるようになると、江戸の人々と外国人とのあいだにさまざまな関係が生じた。そう聞いて読者が思い浮かべるのは、外国公使と幕府官僚の外交交渉というかたちの関係かもしれない。あるいは、ヒュースケン暗殺事件、東禅寺事件のような外国人襲撃事件、つまりネガティブなかたちの関係だろうか。しかしここでは、外交や攘夷といった教科書的な問題ではなく、酒をなかだちにして生じた日本人と外国人のささやかな交流のありようを見つめてみたい。

東禅寺にイギリス総領事館が開かれてからまもない、安政六年（一八五九）六月一一日の夕七ツ（午後四時）ころ。品川宿に五人の外国人が姿をあらわした。かれらは酒を飲んだのか「酔狂」のようす。早い足どりで近づいてくる。品川宿の北側の入口に居合わせた宿の年寄（町名主の補佐役）武右衛門は、念のため外国人に付き添った。

品川宿の一番北の街区を歩行新宿（品川区北品川）という。酔っぱらいの外国人は歩行新宿の食売旅籠屋・青柳屋に急に駆け入った。かれらは「強勢の体」（強引なようす）で障子をあけ、二階の座

図 15　「〔品川遊郭内之図〕二」歌川豊国（3 代）画　安政 2 年（1855）東京都立中央図書館特別文庫室蔵

敷へ無理やり上がっていく。泊っていた旅人はもちろん、食売女たちも驚いて、二階より駆け下り逃げてきた。青柳屋は大騒ぎになったのである。

外国人は年寄に女を出すようひたすら言う。だめだと言っても乱暴を働きかねないようす。年寄が当惑しているところに、町奉行所の役人たちがやってきて、なんとか外国人をなだめて帰らせた。

その三日後の六月一四日にも、イギリス人は品川宿の旅籠屋にあがりこんで女たちを驚かせた。事件を報じた年寄たちの書面には、

「外国人たちは食売旅籠屋について「微細」（事こまか）に承知しているようすであり、たびたびやってきて無理に酒食などを望み、強引に食売女を出すよう要求されると、言葉が通じないのでなだめ

図 16　宿場で酔っぱらう外国人「川崎辺異人独歩巷説ニヨッテ戯図之」『幕末風俗図巻』神戸市立博物館蔵　Photo: Kobe City Museum / DNPartcom

ようがなく当惑している」と記されている。つまり、品川の食売旅籠屋の特殊な性格を江戸に来たばかりの外国人が理解している、と年寄は感じていた。

　品川は江戸四宿のひとつに数えられる宿場町であるが、とりわけ食売旅籠屋が多い。食売女（飯盛女）とは、街道の宿屋で給仕に従事するとともに、遊女行為もおこなっていた女性のことで、食売旅籠屋はそのような女性を置く宿泊施設であった。品川宿は江戸近郊の歓楽街としての性格も持ち合わせていたのである。

　年寄たちは、「夜中はとくに武家方（侍）そのほか往来する者が多」く、とくに「西国諸家様勤番の武士」（西日本の大名の江戸詰めの藩士）は「人気（気性）荒く」、ゆきがかりの口論より刃傷沙汰になることもしばしばあったと言う。このような品川宿の性格から、年寄は「どのような変事が起きるかもわからない」と、外国人とトラブルが生じることを警戒していた（「〈異国・異人関係御用留〉」）。

できあがった外国人が女性のいる店に立ち寄ったというごくあたりまえのできごとに過ぎない。しかし、最初の外国人と庶民の接触は、地元からみると憂慮すべき大事件に映ったのである。

2　イギリス人、日本人に変装

翌万延元年（一八六〇）の初夏、妙な噂が流れた。品川宿の忠助の旅籠屋へ、東禅寺のイギリス人が江戸の町人のように変装して（「身形仕拵え」）宿泊したというのである。噂を聞きつけた関東取締出役・石井鑵之助は品川宿を訪れ、忠助と下男・下女から事情を聴いた。関東取締出役（八州廻り）とは、町奉行が支配する江戸市街以外について、領主の支配地域をまたいで広域的に治安維持にあたる関東の〝ＦＢＩ〟である。

閏三月二九日の夜は泊まりの旅人が多く、品川の旅籠は混雑していた。夜四ツ半（午後一一時頃）、前々からの馴染み客で東禅寺に奉公する市五郎・金吾と、そのほか一人が駕籠に乗って忠助の旅籠にやってきた。

「ほか一人」はきわめて「熟酔」（泥酔）しており、市五郎・金吾がふたりで抱えて駕籠より下ろした。かれはふたりの肩にすがりつき、歩くこともできないほどである。市五郎たちは、「異人より酒食の振る舞いがあって、おおいに酔って騒いだため乱髪になった」と話した。たしかに、いかにも酔っぱらって髪が乱れたふうだが、手ぬぐいで頬かむりしており頭髪はよく見えない。「ほか一人」はそのまま横になり、市五郎と金吾はなお酒を飲んだ。その後、三人とも食売女を雇ったが、暁七ツ時頃（午前四時頃）には帰っていった。

　忠助は「ほか一人」について、「手ぬぐいで頭が覆われていたため髪のようすがわからず、「面体・眼中」も酔っぱらいのため外国人と気づかなかった」と八州廻りに話した。その服装は木綿の絣（かすり）に竪縞の袷（あわせ）、木綿の襦袢（じゅばん）を着用し、紺色に白い縞の入った博多帯を締めて白足袋を履く、という町人と変わらないかっこうで、外国人にはさらさら見えなかったという。忠助は、「異人と心付け候ては、酒の相手（に）飯（食）売女等差し出し候義はもちろん、そのままに止宿いたさすべき謂（いわ）れこれなく」と、外国人と気づけば宿泊させたりはしなかった、と弁解した（「〔異国・異人関係御用留〕」）。

　市五郎と金吾はどのような気持ちで、イギリス人を江戸っ子に変装させて旅籠屋に連れてきたのだろうか。おそらくは品川宿で女性を相手に一杯飲みたいと、だれかが望んだのだろう。それはあるいはイギリス人で、市五郎らに強要して町人の服を借り、かれらを無理やりに引き連れて品川宿に来たのかもしれない。しかし、あるいは市五郎たちがイギリス人の希望を知って、変装させたうえで馴染みの旅籠屋に連れてきた可能性も否定できない。

3　東禅寺警備兵の飲酒

酒をなかだちとした日本人とイギリス人の「交流」といえば、次の事件も興味深い。

文久元年（一八六一）八月二〇日、イギリス公使オールコックは老中にあてて次の手紙を書いた。

（東禅寺の）イギリスの士卒に二度も「強き飲料」（日本側の訳、英語原文では"Saki"（酒））をあたえた者がある。このため警備に不都合を生じた。これは公使館の召使い（日本人）の罪科である。わたしは召使いを解雇し、公使館の警備を乱す重罪のため、相当の罰をあたえてほしいと幕府の役人に召使いを引き渡した。しかし、役人は少しもわたしの頼みを聞き入れてくれない。わたしは、警備の役人の責任者を（幕府が）罰して、ほかの適任者に交代させることを要求する。

（「英国公使館附兵士ニ飲酒セシメタル本邦人罪科請求一件」東京大学史料編纂所蔵）

この年の五月に発生した東禅寺事件の衝撃がいまだ冷めやらぬ時期である。オールコックはこの文のあとに、「わたしたちの安全に関し親兵（護衛兵）を攪乱に導こうとするのは小さなことではない」と書いているように、このできごとを公使館の安全が脅かされる重大な事件ととらえていたのである。

幕府は事件の容疑者とされた仙次郎から事情を聴取する。仙次郎は東禅寺に隣接する下高輪村（港区高輪）に住む造園職人で、東禅寺の植木の手入れをするために雇われていた。

八月九日、仙次郎は東禅寺の裏手、二本榎の酒屋三河屋で酒を三合二〇〇文（約四〇〇〇円）で買い求めた。徳利に入れておいたところ「マドロス」（水兵）がこれを見つけ、しきりに酒をわけてくれるよう言う。仙次郎は断った。が、マドロスは四〇〇文を出してさらに求めたため、よんどころなく酒をあたえた。ところが、マドロスの上官（「重立(おもだち)」）が、酒の匂いから事情を勝手に察して公使に言いつけたというのだ。

もう一人の「容疑者」亀吉は次のように事情を説明する。亀吉も下高輪村に住む二一歳の若者で、イギリス公使館で馬の世話をする別当として雇われていた。

七月二二日、亀吉は馬で外出する外国人に付き添い、七ツ（午後四時）ころに東禅寺に戻った。厩で酒を飲んでいたところ、一人の外国人が来て酒をくれないかと言い、八〇〇文を差し出した。断ったが外国人は聞き入れず騒ぎだす。やむを得ず東禅寺の参道側、高輪北町（港区高輪）の津国屋にいき、もらった八〇〇文で酒を買って外国人へ渡した。外国人が酒をどこへ持っていって飲んだのかはわからないという（同前）。

オールコックは、仙次郎たちが公使館の警備を妨害するため、意図的に護衛兵に酒をあたえたと主張する。しかしふたりの証言からは、酒を飲みたい外国人が身近な日本人に酒をわけてもらった、という単純な話のようにも感じられる。真相はむろん断定できないが、幕府はこの事件をうけて一〇月二五日、「イギリス人宿寺の高輪東禅寺境内へ一切酒の売り込みをしないこと」という命令を江戸の町に発したのである（『江戸町触集成』一八）。

江戸における外国人と日本人のあいだには、生身の人間同士のささやかな交流も生じた。しかしこの時代、幕府・外国側ともに、そのような交流が重大なトラブルに発展することを懸念し、現在のわたしたちからは過剰とも見える反応を示したのである。

三　外国人の宿寺

1　賽銭が減る善福寺

江戸の外国公館は寺院の一部を借りて設置される。寺の僧は同じ敷地内で外国人を間近に感じながら寺院の運営をおこなっていた。このような状況は寺院にどのような影響をあたえ、また寺院側は外国人の滞在をどのようにとらえていたのだろうか。まず、善福寺が外国奉行に提出した嘆願書（万延元年（一八六〇）一〇月付）から考えてみよう。

安政六年（一八五九）六月にアメリカ公使館となった善福寺では、玄関・表座敷・台所までアメリカ側に明け渡し、僧は「わずかな場所」に寝起きしながら、法要などをおこなっていた。しかも、敷地内に幕府役人の詰所ができたので、境内に人を集めるような行事は一切中止せざるを得なかった。しかし、寺は公使館（「ミニストル旅宿」）としての利用を「当分」のことと考えていたため、この状況に耐えていたのである。

善福寺は「大身の者」（有力檀家）を持たない「貧寺」だという。盆と暮れ、その他臨時の法会などで二〇〇両（約二〇〇〇万円）ほどの収入があるが、それでは足りず日々法談（僧の説法）をおこ

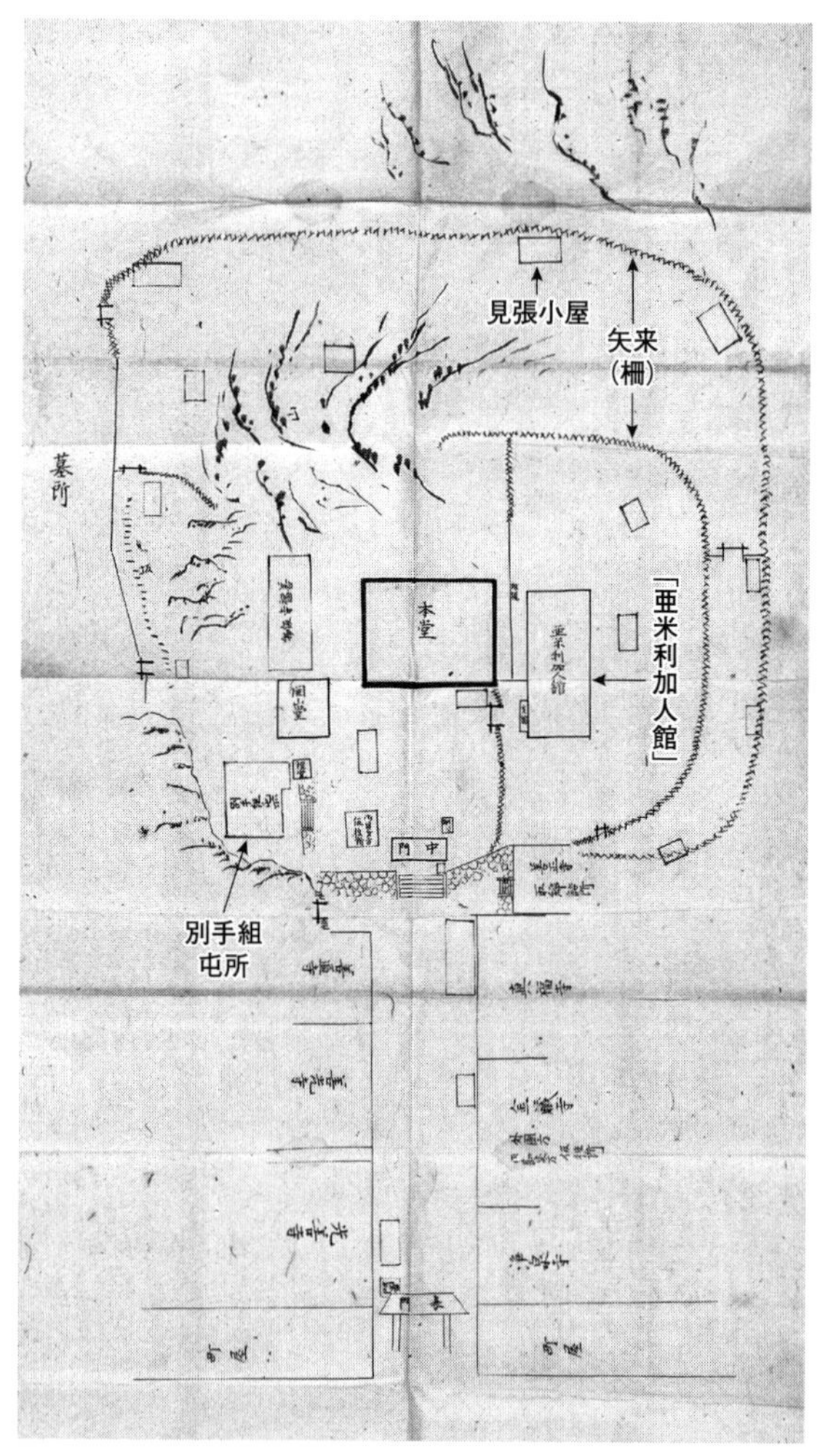

図 17　「善福寺境内絵図」（部分）東京大学史料編纂所蔵（外務省引継書類）寺の周囲には矢来が張りめぐらされ、警備陣の屯所・見張小屋などが見える。

なっていた。その賽銭収入が一年におよそ二〇〇両余り。善福寺ではこの計四〇〇両で寺院を経営し、建物の修復をしてきた。しかし公使館になってから寺の行事が制約され、収入が三五〇両ほども減った。くわえて、寺の警備が今春から強化されたため出入りするものが「恐怖」し、寺を訪れる人はいよいよ少なくなる。善福寺は「難渋」していたのである。

善福寺は、外国人旅宿を命ぜられた寺院のなかには「御手当」（給付金）を得ている寺もあるとの話を聞いていた。そこで、「相応の手当をいただければ何年でも御用をつとめるが、このまま援助なく公館としての利用が長引けば、建物も破損しかつ寺の経営が困難になる」と、給付金の交付を幕府に願い出たのである（『亜墨利加ミニストル旅宿記』）。

嘆願書は幕府からの援助を引き出すという目的があり、善福寺側が苦しい状況を誇張している部分があるかもしれない。実際、アメリカ公使プラインは、善福寺には多くの歳入があり、寺の「帳簿係」（book keeper）も日本の一般庶民にくらべて収入が多いことを手紙に記している（一八六二年五月二三日付、プライン文書）。とはいえ、外国公館の存在がさまざまな寺の行事に影響し、寺院に経済的打撃をあたえることになったのはまちがいないところであろう。

2 大名の菩提寺・東禅寺

イギリスの公館となった東禅寺の状況も見てみよう。

安政六年（一八五九）一〇月、東禅寺は寺社奉行に次のような嘆願書を提出した。

去る六月四日、当寺はイギリス人の「仮止宿所」を命ぜられたが、外国人はいまだ滞在している。当寺は檀家が多くあり、イギリス人の滞在中、行き違いや不都合も考えられる。檀家には年忌法事の延期をお願いいし、仏参も断っている。当寺は建物（の修理）はもちろん、何ごとも檀家の援助によって寺の経営をおこなってきたので、最初（公使館としての利用を）命じられたとき、檀家に一応問いあわせてから請けるべきだったが、急ぎの御用であったので手間取っては申し訳ないと思い、また「暫時之義」（しばらくのあいだ）とのことだったので、とりあえずお請けした。ところがもはや五ヶ月にもなるが、外国人が退去するようすはなく、いまの模様では越年もあるように見うけられる。そのようになっては（檀家が）歳暮・年頭に先祖の墓参りもできず、檀家に対してまことに申し訳がない。

（「〔英吉利人仮止宿所難渋ニ付〕歎願書写」池田家文庫藩政史料）

当初、幕府が外国人の滞在は一時的なものと説得したこともあり、東禅寺は檀家に断らずイギリスに寺院空間の一部を提供した。幕府は早急に外交官の滞在施設を決定するため、寺をせかしたのだろう。しかし、イギリス人が予想以上に長く寺院に滞在することになり、東禅寺は檀家の法事を延期・中止せざるを得ない状況に追いこまれていた。

東禅寺がここで気を遣っている檀家とは大名家である。大名は国元のほか江戸にも、当主や親族を葬り先祖の霊を弔うための菩提所（寺）を置く。文化五年（一八〇八）の史料によると、東禅寺に菩提所を置いた大名は伊達家（仙台藩）・池田家（岡山藩）の二家のほか、伊達（伊予宇和島藩）、伊達（伊予吉田藩）、田村（陸奥一関藩）、毛利（豊後佐伯藩）、池田（備前岡山新田藩）、稲葉（豊後臼杵藩）、仙石（但馬出石藩）、伊東（日向飫肥藩）、諏訪（信濃高島藩）、遠山（美濃苗木藩）、建部（播磨林田藩）の計一四家（藩）にのぼっていた（岩淵令治「大名家の江戸の菩提寺の成立と当主の「葬地」」）。この数は江戸の寺院でもっとも多い。

そして東禅寺の僧は次のように檀家大名の動向を記す。

檀家の松平陸奥守（仙台藩伊達家）・松平内蔵頭（くらのかみ）（岡山藩池田家）は宿院（東禅寺内）に位牌を移し、相当の人数を警護のため配置している。それ以外の大名家も時々見廻りのものを差し出すなど、かれこれ手数（手間）が多くなっているため、縁がある他の寺院に位牌を移したいという向きもあるとのこと。そのようなことになったら実に「寺務相続」（寺院の存続）にかかわるのではないかと心配している。

（同前）

大名家では先祖の位牌を外国人から護るために警備の人員をつける。しかし、東禅寺の嘆願書（万延元年一二月一〇日付）に「同家（伊達家）が位牌所に警護の人数を付ける手当は一年に数百金（両）の出費」と記されるようにその経費は多額で、大藩であっても小さくない負担になっていた。

3　イギリス人の鳥猟

大名家が位牌を移すことを考えはじめた背景として、イギリス人のある振る舞いも影響していた。東禅寺に派遣されていた町奉行所の外国掛下役は、安政六年（一八五九）九月のある日、イギリス人が鴈（雁）を打ちとめたという話を耳にする。下役が高輪町の名主・権左衛門から事情を聴いたところ、イギリス人が食料をこしらえる場所に鴈が一羽あるのを「しかと見留め候」と証言した。続けて下役は、イギリス側に雇用されている日本人にも真偽を確認する。かれらはその鴈は、イギリス人が九月二九日の夕刻、鉄砲で撃ち落したものであると認めた。発砲したイギリス人は東禅寺と地続きの上洞庵に住む「ガワル」だという(『藤岡屋日記』九)。さらに東禅寺の近辺で聞きこみを続けたところ、イギリス人は「日々二三発位打放し」ていることも判明した(「外国掛下役届」上、『旧幕府引継書』)。

図 18　**東禅寺のガワーと幕府役人**　横浜開港資料館蔵
左の銃を持つ外国人がガワー。

外国人は開港場の近辺でレジャーとして狩猟をおこなった。しかし、江戸と江戸の一〇里四方で銃を使用して猟をおこなうことは厳しく禁止されており、日本人の違反者は厳刑に処せられる。江戸において銃で鳥を撃つことは許されることではなかった。

寺院でのそのような行為には別の問題もあった。東禅寺の嘆願書に「(イギリス人は)最近は場所をはばからず鳥銃で飛ぶ鳥を打ち落としているが、万一その血で石牌(位牌)を汚したら済まないことである」(「〔英吉利人仮止宿所難渋ニ付」歎願書写」）と記されているように、神聖な寺院の境内で鳥獣が殺傷され、その血が大名家の位牌を汚すことを東禅寺は恐れていたのである。

「ガワル」とは、イギリス公館の第一補助官、二三歳のエイベル・ガワー（Abel Anthony James Gower）のことである。ガワーは、通りがかった女太夫（流しの女性芸人）を上洞庵に招き入れたり、ヒュースケンに紹介された日本人女性を自宅まで迎えにいくなど、当時の日本人から見ると少々自由奔放なところがあったようである。本国の習俗を江戸に持ちこんだイギリス人の行動は、寺院を困惑させる。

4　大名、位牌を移す

檀家の大名も幕府へ嘆願をおこなう。万延元年（一八六〇）二月一〇日、仙台藩は東禅寺における法事が差し支えていることを老中脇坂安宅に訴えた。

伊達家の菩提所である芝高輪東禅寺は、安政六年よりイギリス人の「止宿（所）」となり、（イギリス外交官が）逗留している。東禅寺には先祖代々の位牌を安置し墳墓もあるが、イギリス人が在留中のため同寺への仏参そのほか、年忌仏事や墓参りもおこなえずに難渋している。去年間部下総守様（詮勝、老中）が在職中にいろいろ申し上げたが、いまだに沙汰もない。イギリス人在留の「程合」（期間の程度）については深いお考えもおありだろうが、そのために先祖の仏事などが久しく差し支えているのはまことに迷惑なことで、別の寺に移転するのも簡単なことではない。前回申し上げたことも確認していただき、格別のご判断をいただきたい。

（『藤岡屋日記』九）

仙台藩伊達家は表高六二万石、外様の大大名である。幕府は大藩からの申し入れを無視することができず、老中は即座に外国公館を寺院から移転させることを指示する（後述）。

しかし、イギリス公館の移転はなかなか進捗しなかった。このようななか、イギリス人が伊達家の位牌所に土足で立ち入るという、大名にとって我慢のならない事件が起こった。事件をきっかけに、仙台藩は先祖代々の位牌を下屋敷に隣接する大崎の寿昌寺（品川区東五反田）に移す。そして、東禅寺は仙台藩から給付されていた「仏供米」二〇〇石を失うことになったのである（「各国官舎事件乾」東京大学史料編纂所蔵）。

文久元年（一八六一）五月二八日、水戸浪士が公使オールコックをねらって東禅寺を襲撃した（東禅寺事件）。事件から約一ヶ月後の七月六日、岡山藩池田家は位牌を下屋敷に移したいと東禅寺に申し出た。後述するがこのころ、御殿山の外国公使館建設が決定し、寺院から外国公館が転出することはほぼ決まっていた。しかし、池田家側は「地所が決定されても工事が完成するまではよほど日数もかかるだろう。そのあいだに万一のことがあっては、位牌を守護し立ち退くことも難しい」と寺に話した。東禅寺はこの日じゅうに寺社奉行に嘆願書を書き、移転を食い止めようとする（「〔英吉利人仮止宿所難渋ニ付〕歎願書写」）。だが、けっきょく岡山藩も位牌を東禅寺から移し、同家の仏供米一四〇俵の給付も停止されることになった。

外国人が寺院に公館を置いたことによって法事が制約され、あるいは思わぬトラブルも発生し、大名家は位牌を他所に移転させていく。外国人の滞在は寺院と檀家に少なからぬ波紋をもたらした。

四　御殿山と品川宿

1　外国公館を一ヶ所にまとめる

寺院や大名からの嘆願をうけ、幕府は各国の外国公館を寺院から移転させ一ヶ所にまとめることを検討する。結果、品川宿に近い御殿山（品川区北品川）に恒久的な外国公館を建設することが決定された。

御殿山といえば文久二年（一八六二）一二月一二日、完成直後のイギリス公使館が長州藩士高杉晋作・伊藤俊輔（博文）・志道聞多（井上馨）らの焼き討ちに遭ったことで知られる。つまり、江戸の攘夷事件のひとつとして説明されているのだが、御殿山が公館として選定されるまでの経緯を調べてみると、この問題が江戸とその近郊にさまざまな波紋をもたらしたことが見えてくる。

万延元年（一八六〇）二月一一日、老中脇坂安宅は外国奉行に次の命令を出した。

「外国ミニストル屋敷地」（外国公使館用地）を決める件は、先だってからたびたび通達しているが、いまだに報告を受けていない。異人たちが宿寺に長々と滞在していては、おのずから「不取締」にもなり、宿寺はもちろん檀家の大名家においてもいろいろ差し支えがあって難儀しているとも聞いている。いずれにせよ早々に決定し報告するように。

（『幕末外国関係文書』三五）

老中は外国公使館専用の地所を早急に決定することを指示したのである。その理由は、外国人が寺院に長期間滞在すると締まりのない状況を生むこと、そして寺院を檀家とする大名に支障が出る、という二点である。

図19 「江戸名所四十八景御殿山満花」歌川広重（2代）画　万延元年（1860）頃　東京都立中央図書館特別文庫室蔵

この時期、東禅寺門前で伝吉暗殺事件（一月七日）が、横浜ではデ・フォス暗殺事件（二月五日）が発生。外国人の警備について幕府は再検討を余儀なくされていた（後述）。そして、寺院側にもさまざまな不都合と不満がうず巻いており、仙台藩の嘆願をきっかけとして幕府は公使館用地の取得に本腰を入れることになる。

しかし外国側は、寺院からの移転に実は積極的ではなかった。たとえば、フランスの外交官は「なにぶんしかるべき地所がなく、当分当所にいても問題ない」と外国奉行に話しているし（二月二三日、『幕末外国関係文書』三六）、オールコックも、五月二五日付のラッセル外相宛の書簡で「わたしはこれまで、日本政府がわたしに別の公使館あるいは領事館を建設させようという努力に対して抵抗

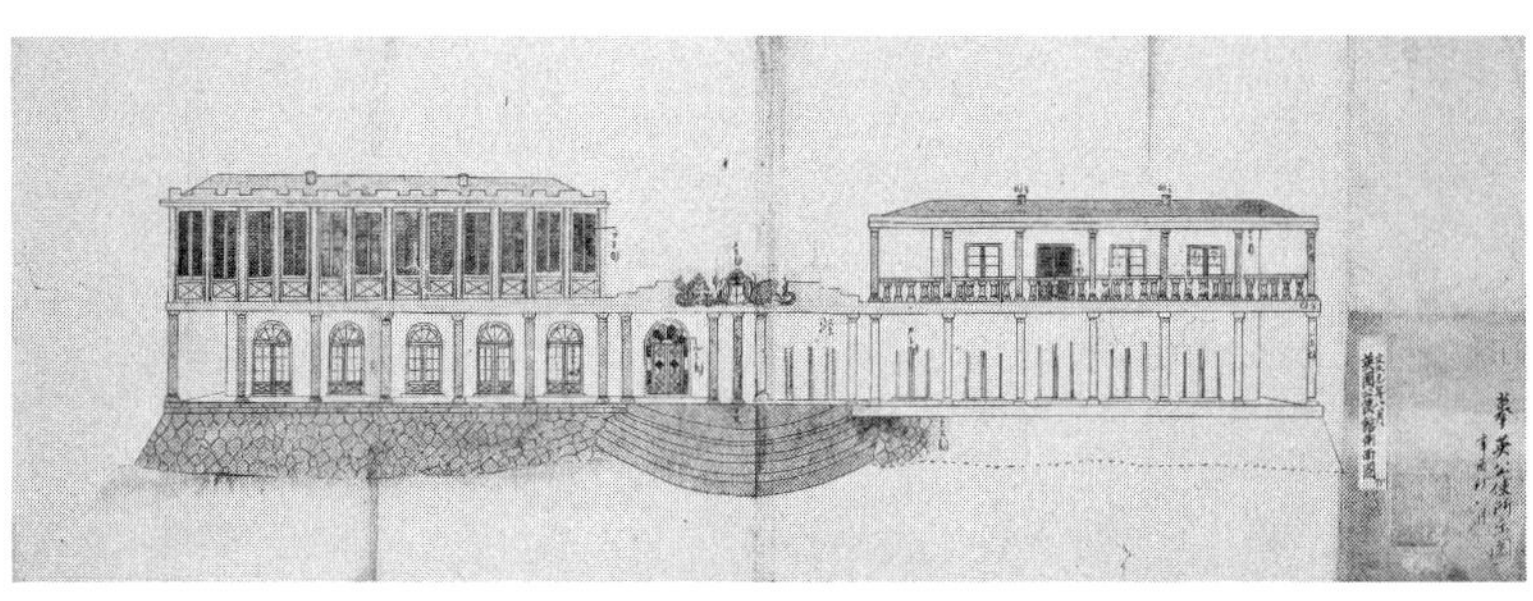

図 20　「文久元年八月英国公使館側面図」 文久元年（1861）東京大学史料編纂所蔵（外務省引継書類）御殿山に建築予定だったイギリス公使館の側面図。

してきた」と報告する（イギリス外務省文書 F.O.46/8)。

2　品川宿の反対運動

外国側からの要望がなかったにもかかわらず、幕府は公使館用地を探し、御殿山をひそかに下見した。御殿山付近が御用地（幕府が使用する土地）として収公されるという話は地元品川宿にもれる。北品川宿の小前惣代と宿役人は、この地域を管轄する幕府の代官・小林藤之助にその利用目的を問いあわせ、収公に反対する嘆願書を提出した（「〔異国・異人関係御用留〕」万延元年閏三月八日付）。しかし、代官はこの嘆願書を差し戻し、担当の役人が御殿山の調査を続行する。

その後まもなく、御殿山に建設されるのは外国公使館らしいとの情報が品川宿に伝わってきた。四月五日、品川宿の小前惣代・宿屋役人惣代・名主は連名で建設反対の嘆願書を提出した。かれらの反対理由をまとめると以下のようになる。

一、地形的な問題。品川宿は御殿山の岡と海にはさまれた狭い平地に人家が密集している。このため、御殿山に外国公使館が設置されると火事などの非常時に逃げ場がなくなり「人命に拘」る。

二、将軍と朝廷の権威にかかわる問題。御殿山のような高くそびえた土地へ「高楼」（公使館）を建築したら、品川筋の御成道（将軍が通行する道）・浜御殿・御座船を利用する将軍や、伝奏・勅使など朝廷の高位の人々が外国人から「眼下に見渡」されてしまう。

三、武士と外国人のトラブルの不安。品川宿には諸藩の勤番武士が多く出入りして「酒狂」（酔っぱらい）による「喧嘩・口論・刃傷」が多発しているため、外国人との不測の事態が心配である。

（「異人館取建地之儀ニ付内密奉歎願候書付」品川区立品川歴史館蔵）

品川宿は嘆願書を代官小林藤之助に提出したが、訴えは取り上げられなかった。品川宿からは「多人数」のものが江戸に出てきており、かれらの代表は訴えが却下されるとすぐさま老中脇坂安宅、若年寄本多忠徳の屋敷にいき越訴した（同前）。越訴とは正式な嘆願ルートを飛び越して上級者に訴える、非合法な訴訟手段のことである。

外国公使館建設のための用地取得は地元住民の反対運動を引き起こす。この事実は一般にさほど知られていないが、外国人の居住に対して江戸の庶民がこのような意思と行動を示したことはもっと注目されてよいのではないだろうか。結果、御殿山の外国公使館建設はいったん頓挫したのである。

3　東海道のルート変更プラン

万延元年（一八六〇）一二月五日夜、アメリカ公使館通訳ヘンリー・ヒュースケンが、麻布中ノ橋付近（港区東麻布）で浪士の集団に襲われ殺害された。事件をうけて一二月二一日、外国掛大目付・目付は老中安藤信正に公使館用地についての上申書を提出した（『続通信全覧』「殿山公使館一件」）。外国人の安全確保が喫緊の課題として浮上し、外国公使館の用地選定問題がふたたび議論されることになったのである。

大目付らは、外国側の希望条件などをふまえると、品川付近以外に用地の候補はないとみていた。しかし、品川宿の近くへ公使館を建築することは宿場の「疲弊の基」になること、さらに品川宿には「酔客」――ことに「薩州（薩摩）その他西国大名藩中のもの」、が多く出入りしていることから外国人とのトラブルを恐れた。

そこで、大目付らは東海道のルート変更と宿場の移転をくわだてる。新たなその道筋は麻布を起点に、広尾（渋谷区）―上中豊沢（渋谷区）―二子渡し（多摩川、世田谷区・川崎市高津区）―北八朔村（横浜市緑区）と内陸部をたどり、保土ヶ谷宿（同保土ヶ谷区）の手前で東海道に合流する、というルートで、品川・川崎・神奈川の三宿はこのルート上に移転させようというのである。そのうえで大目付らは、高輪・品川付近に公使館を置くことをあらためて提議する。

江戸においてはこの地域のほかに適当な公使館用地を見出せない。しかし、品川には宿場があって公使館を設置する最大の障害となっていた。だから、東海道のルートを変更して品川宿をこの地域から切り離すしかない、と大目付らは考えたのである。この大胆な提言は結果として採用されなかった。しかし、外国公館の用地選定問題は、東海道のルート変更と宿場の移転という江戸とその近郊の構造を大きく変革する可能性を孕んでいたのである。

4　高輪の大名屋敷と御殿山

文久元年（一八六一）一月二七日、外国奉行小栗忠順らはイギリス書記官代理マイバーグ（F. G. Myburgh）と会談をおこなっていた。公使館用地に関する外交折衝である。幕府の腹がいまだ決まっていないなか、マイバーグは公使館の希望地を小栗に示す。イギリス側は江戸の絵図を開き、「東禅寺より品川宿までの間にて海岸に臨み候屋敷、薩州・兵部少輔・有馬・川越陣屋等の屋敷を指」し

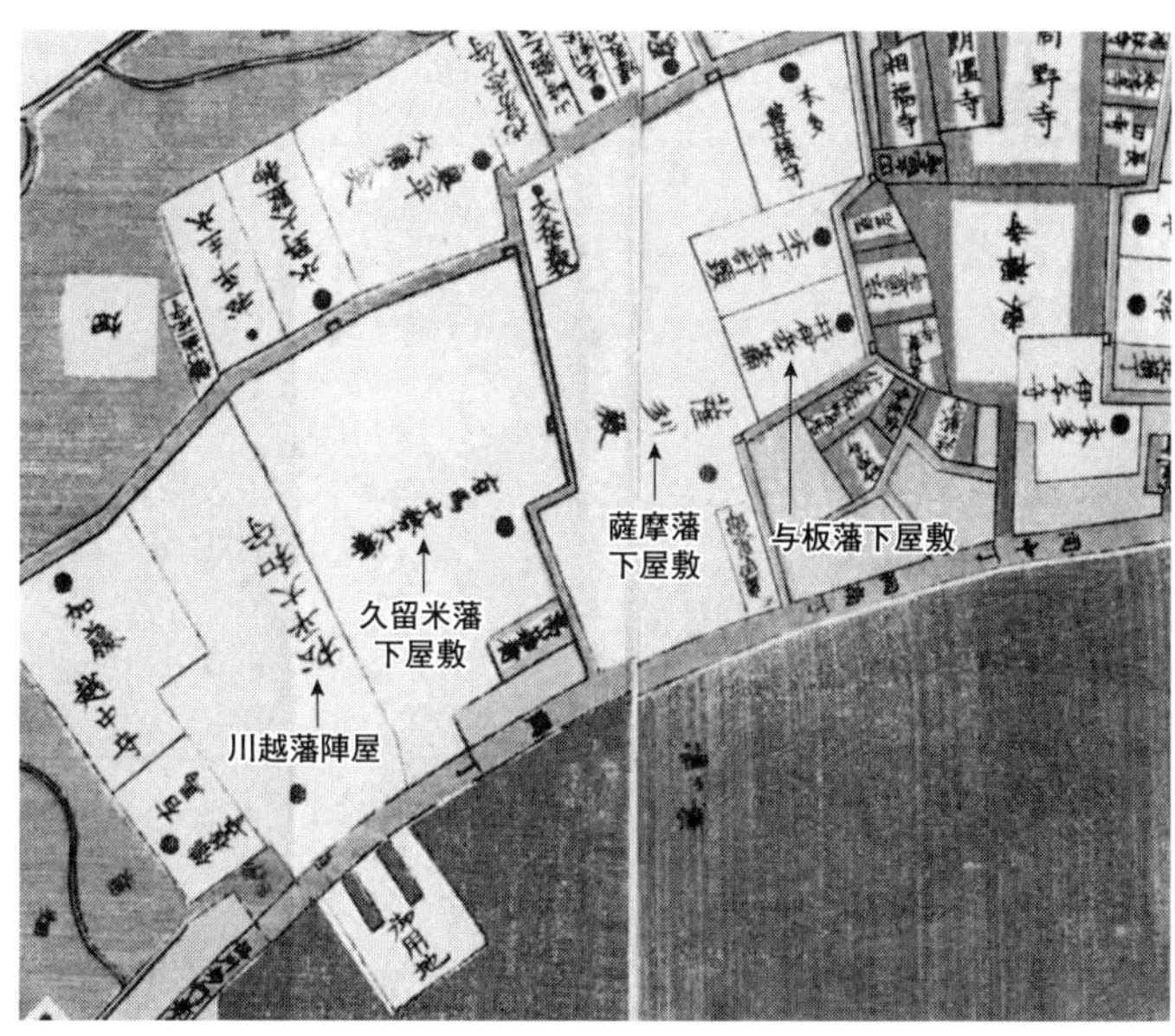

図 21　「芝三田二本榎高輪辺絵図」（尾張屋清七版切絵図、部分）文久元年（1861）東京都立中央図書館特別文庫室蔵

て、このあたり（を希望する）と発言した（『幕末外国関係文書』四八）。

　イギリス側が指さしたのはいずれも大名屋敷である。「薩州」は現在の品川駅西口前、グランドプリンスホテル新高輪のあたりに所在した薩摩藩下屋敷、「兵部少輔」は薩摩藩邸の北側に位置する越後与板藩井伊家（新潟県長岡市）の下屋敷、「有馬」は薩摩藩屋敷の南に接する久留米藩（福岡県久留米市）有馬家下屋敷（品川プリンスホテル付近）、「川越陣屋」は川越藩松平家の陣屋地である。これらの大名屋敷は高輪の丘陵地帯の南部に立地し、眺望にすぐれて海上の船との連絡が容易

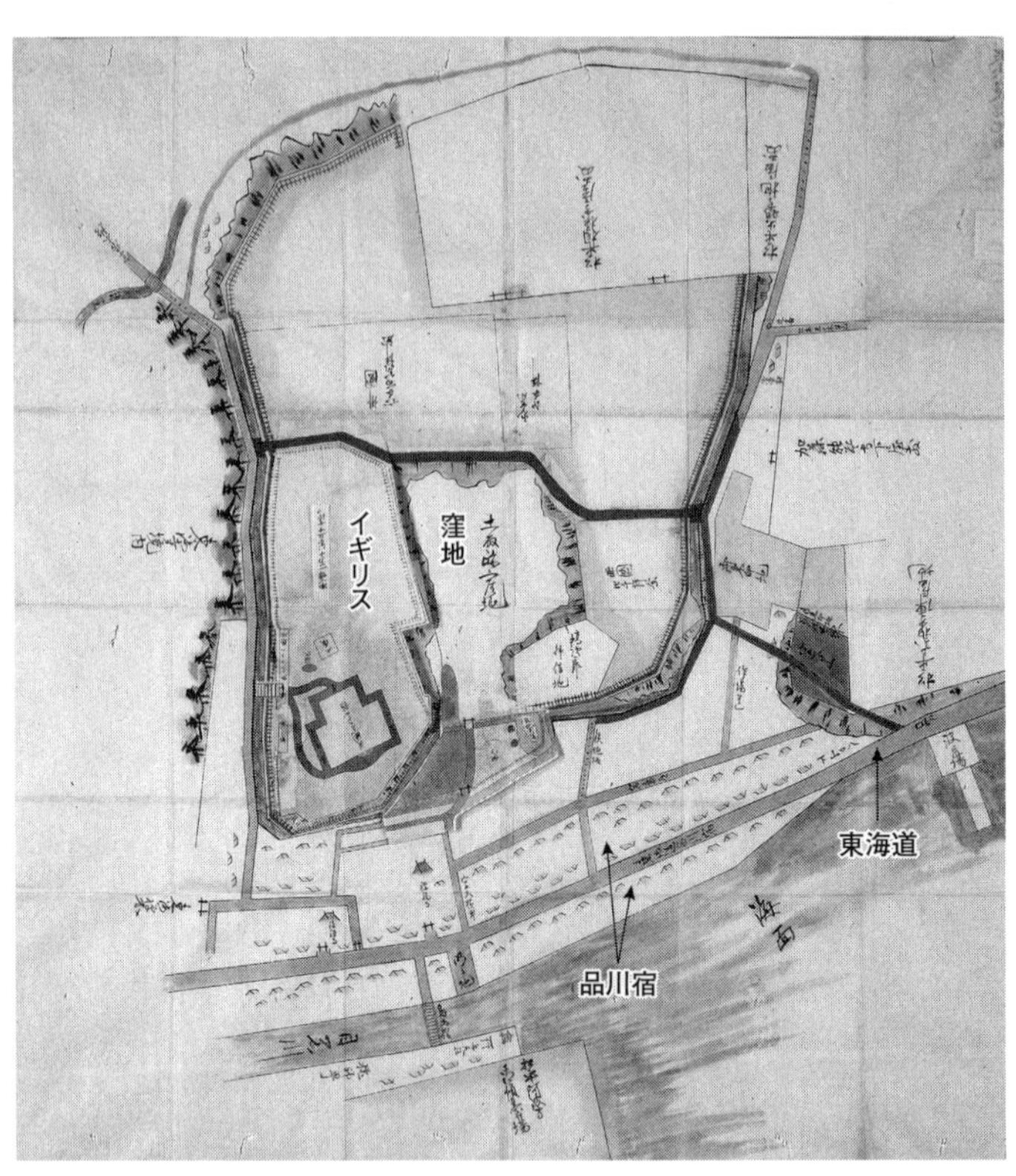

図 22 「御殿山公使館地図」東京大学史料編纂所蔵（外務省引継書類）

であった（巻頭地図2・3も参照）。

しかし、小栗らは大名屋敷の取得は差し支えがあると返答する。とくに大藩の薩摩藩の屋敷を公使館用地として提供することはほぼ不可能であった。となると、もう候補は御殿山しか残っていなかった。

二月一日、小栗忠順はオールコックとド・ベルクールを誘って御殿山を見分した。しかし、オールコックは御殿山を気に入らなかった。かれは老中宛の書翰で、御殿山が六ヶ国の公使館を建てるには狭いこと、沼と堀が敷地の中央を分断していること、トラブルの発生が懸念される品川宿が御殿山のそばにあること、などを理由に御殿山案に反対した。

二月一七日、安藤信正は信頼関係のあるハリスと会談した。安藤は英仏公使が希望する屋敷地は大名家が「祖先以来連綿拝領」してきた土地であり、収公が不可能であることをあらためて説く。ハリスから英仏側を説得してもらうことを期待したのである。一方、小栗はオールコックをふたたび御殿山の下見に連れ出した。その結果、公使館用地として必要な造成工事を施すことを条件に、御殿山を公使館用地として承認する、とのオールコックの回答を引き出した（二月二七日）。

通説では、幕府は外国側の強い要請に押し切られて御殿山を公使館用地にしたと考えられてきたが、事実は逆だった。外国側は、御殿山をその地形的・社会的条件から適当とは見なしていなかった。

5　御殿山の遊廓

文久元年（一八六一）七月一一日、幕府は勘定奉行松平康正・外国奉行水野忠徳らを、御殿山公使館の建築を管掌する御普請御用取扱に任じる。御殿山の工事がはじまろうとしていた。

この数日前、品川宿年寄の忠次郎より次の報告があった。御殿山の「地ならし・土方・普請」などの土木建築工事と外国公館の必需品の調達を北品川宿のみで引き受けようという動きがあり、品川宿のほかの二宿、歩行新宿・南新宿がこれに反発して「人気不穏」というのである（七月八日、「〔異国・異人関係御用留〕」）。しかし、なんらかの仲裁が入ったのであろう。一一月一七日、品川三宿が共同で請け負うかたちで御殿山の地ならしが実施された。動員された畔鍬（くろくわ）人足（土木作業員）は数千人という（『品川町史』中巻）。

一一月のこのころ、品川宿にまたも穏やかならぬ噂が流れた。北品川宿の名主久三郎が、横浜港崎（みよざき）町の名主・佐藤佐吉とともに、久三郎が御殿山の下に所持する八、九〇〇坪の地所に遊廓を建てようとしているというのだ。佐吉は安政六年（一八五九）、横浜に港崎遊廓を造成したときの発起人で、北品川宿の旅籠屋ゑゐの父である。遊廓のシステムは、外国人の「上官」に対しては公使館のなかまで遊女を派遣し、「下官」は「異人一夜泊りの遊女置場」で遊興させるというもので、その経営については北品川宿が「一手」に引き受けることで同宿の食売旅籠屋二一軒も同意しているという。

一一月下旬、佐吉はこのプランを、港崎遊廓の「出張会所遊女廓」との名目で神奈川奉行所に申請した。奉行所は、横浜からの「出張」というかたちであれば検討して連絡すると言い渡したが、このことが歩行新宿と南品川宿にもれた。ふたつの宿は、久三郎・佐吉のたくらみを「強欲無道」と強く非難し、佐吉の申請を却下するよう代官・小林藤之助に願い出た。かれらは、御殿山下の遊廓が外国人だけではなく、港崎同様日本人も客にとることを警戒していた。食売旅籠屋の客が奪われ、旅籠屋が「一円皆潰」れる可能性があるからである。

しかし、二宿は外国人向けの遊廓を造成することじたいには反対していない。願書に「異館御取り建ての上、異人遊興の場所これなく候てはなしがたき次第に御座候えば、三宿申し合わせ願い立ち方の品もこれあるべく」と記されるように、品川三宿共同で遊廓を設けることに色気を見せている（「〈異国・異人関係御用留〉」）。つまり、二宿は北品川宿が遊廓の利益を独占することに反対しているのであって、外国人の御殿山居住には必ずしも抵抗していないのである。

桜の名所・御殿山に外国公使館を建築することは、庶民の反感を買い焼き討ち事件につながったという通説的な見方がある。しかし、庶民にもいろいろな思惑と動きがあったことをこれらの事実は教えてくれる。

五　吉原と猿若町

1　吉原の火事と仮宅

外国人の滞在は江戸きっての歓楽街にも意外な波紋を呼ぶ。

万延元年（一八六〇）九月二九日夜、吉原の江戸町二丁目（台東区千束）紀の字屋六太郎方から火が出て、吉原の遊廓街は焼失した。吉原が火事によって営業ができなくなった場合、遊女屋は江戸市中に分散して仮営業することを許される。これを「仮宅（かりたく）」という。町家を利用して営業される仮宅は、ふだんの吉原とは雰囲気がまた異なって江戸っ子にひそかな人気があった。仮宅は明暦三年（一六五七）から江戸時代を通じて二〇回実施され、以前に仮宅がおこなわれた町、あるいは料理茶屋・水茶屋が立ち並ぶ町から選定される（宮本由紀子「吉原仮宅についての一考察」）。とくに浅草・深川地域の町から選ばれることが多かった。

一〇月三日、遊女屋たちは、吉原の再建がなされるまで浅草東仲町（台東区雷門）そのほか三八ヶ町で仮宅を実施したいと町奉行に願い出た。しかし今回の仮宅にあたっては、江戸に滞在していた外国人の存在を考慮してその営業のありかたが規制されることになる。

2　外国人の滞在と仮宅

万延元年（一八六〇）九月、外国奉行堀利熙（としひろ）らは老中安藤信正に、今回の仮宅について次のような意見を上申した。

> 当地滞在の外国人ども日々諸方へ散歩いたし候あいだ、右仮店相開き候場所（浅草・深川）へ見物罷り越し申すべく、自然（じねん）酔客等雑沓（踏）の中ゆえ、いかようの異変等出来（しゅったい）つかまつるべくも計りがたく、かつ外国の者へ対し殺気を含み候ものども立ち入りおり、往来混雑に紛れ事を遂げ易き場合もこれあり、右等の辺り深く掛（懸）念の次第に候えども、本宅普請出来までのあいだ、渡世差し留め候義はもとよりでき申さず義につき、所々へ仮店相開き候義はつかまつらず、一ヶ所へ取りまとめ、前後仮郭門・番屋等取り建て、往来人は差し留め、全く新吉原町同様の姿にこれあり候えば、外国人ども立ち入り候義を差し留め候談判、行き届き申すべきやに存じたてまつり候。
>
> （「市中取締続類集」仮宅之部三ノ一、『旧幕府引継書』）

このころ、外国人が毎日のように江戸の方々へ散歩しており、仮宅にも外国人が見物に来る可能性があった。仮宅は酔っぱらいで混み合っている。その混乱に乗じて、外国人に「殺気を含」むものが暗殺事件を起こすことが憂慮されていたのである。しかし、吉原が再建されるまで遊女屋の営業を停止するわけにはいかない。そこで仮宅を江戸の町じゅうに散在させず、一ヶ所にまとめて入口に郭門・番屋をつくり、吉原と同じような「姿」（空間構造）にすれば、外国人の立ち入りを差し止めることができるのではないか。外国奉行はこう考えた。

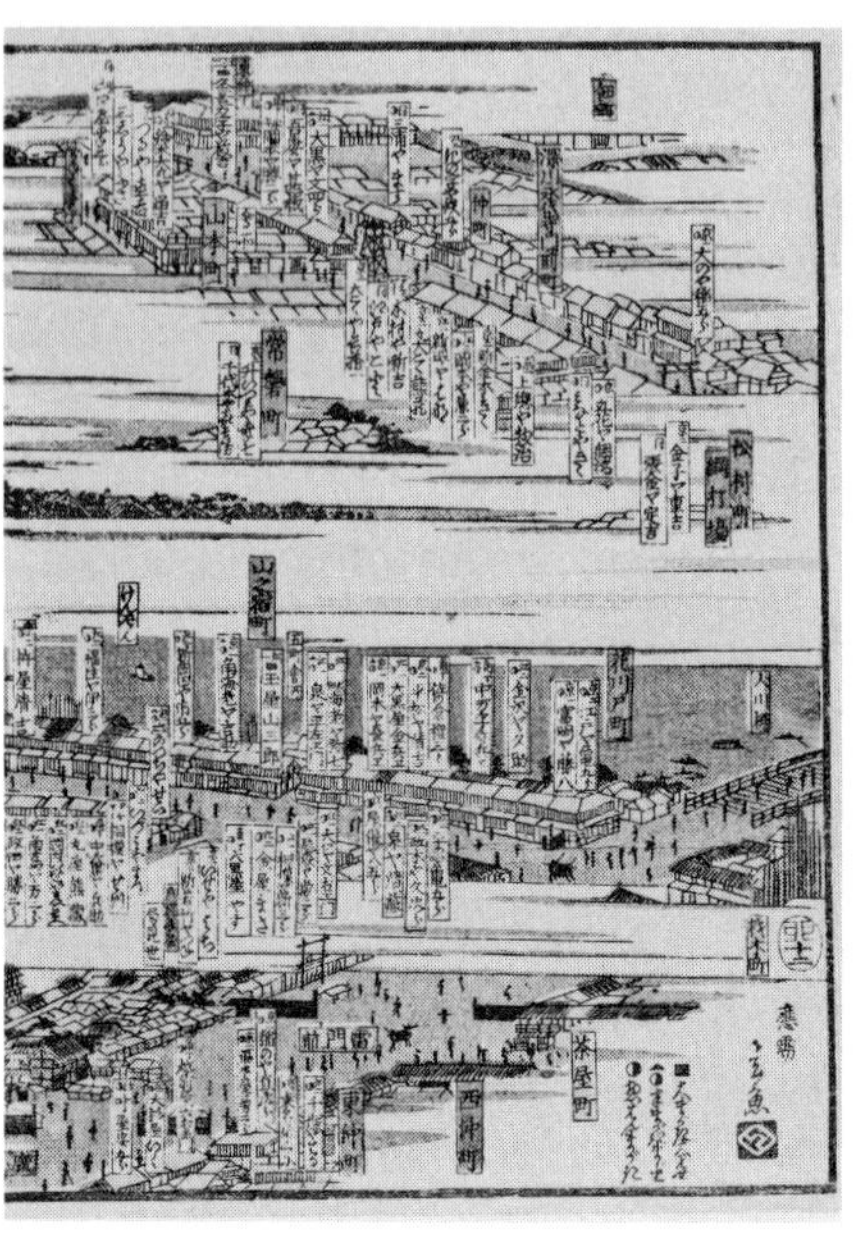

吉原（新吉原）は日本橋から北に四・五キロ。約二万八〇〇〇坪の敷地は、板塀と「おはぐろどぶ」と呼ばれる堀で囲まれており、その外には千束田圃がひろがる。廓の出入口は北東側に一ヶ所（大門）だけで、大門をくぐると人の出入りを監視する四郎兵衛の会所と、町奉行所の与力・同心が詰める番所があった。吉原は江戸

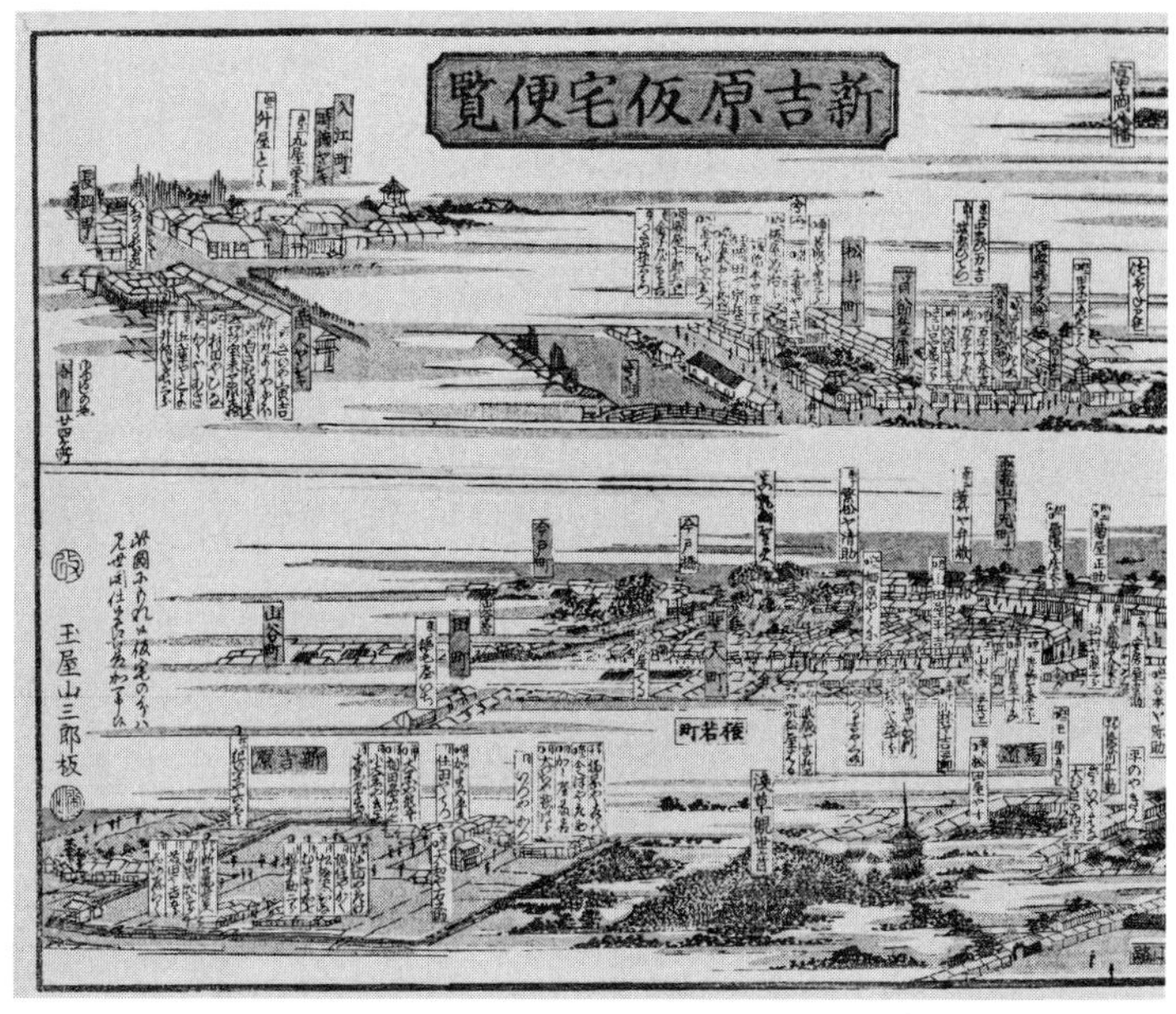

図 23　「新吉原仮宅便覧」（部分）東京都立中央図書館特別文庫室蔵　深川・浅草などに分散して営業する遊女屋の仮宅の位置を示す。

の市街地から隔離され、遊客を入口で監視できる構造になっていたのである。外国奉行たちは仮宅営業にあたりこのような空間の造成を求めた。

　この件に関しては、外国方へ援護射撃があった。伊沢政義ほか外国掛の大目付・目付も、今回の仮宅営業に規制をかけることに賛成する。大目付たちは仮宅という営業形態が、「市中所々へ遊女屋ども軒を並べ、往来見世先に遊女ども居並び」という状態になるため、「市中の者は申すに及ばず、最寄り（付近）の御旗本・御家人

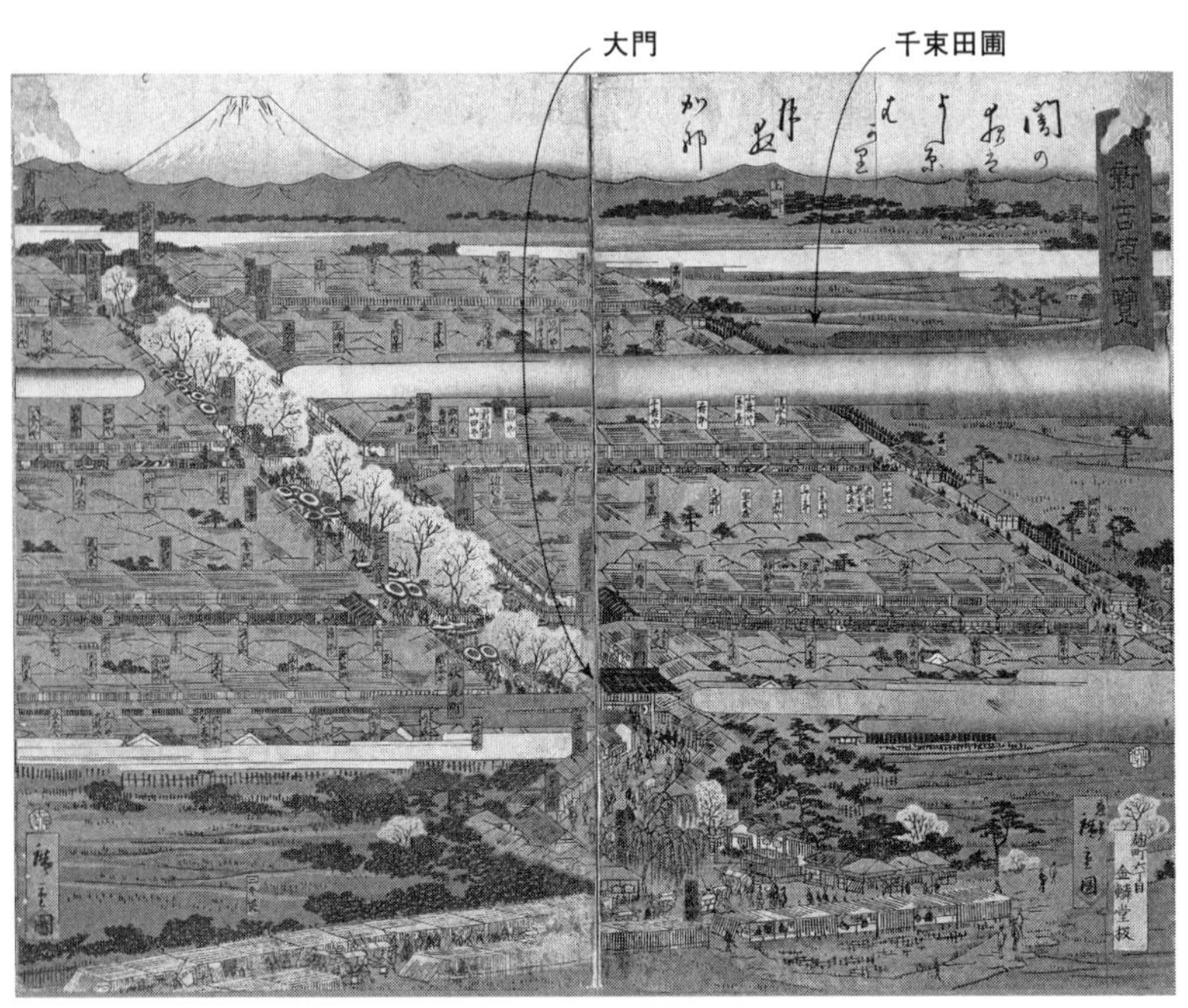

図 24　「東都新吉原一覧」 歌川広重（2 代）画　万延元年（1860）7 月　東京都立中央図書館特別文庫室蔵

に至るまで少年輩の心得違いより風俗を乱し、お為宜しから」ぬことを、前任の大目付・目付からも上申していたという。伊沢たちは仮宅が若い町人や幕臣に悪影響をあたえると考えており、外国人の江戸滞在という事態に乗じたそのありかたの変更に賛同したのである。

このような外国奉行・大目付・目付の意見をうけた町奉行はしかし、「左候とて（そうは言っても）惣躰（全体的）に前々とは見世付（店の

作り方）を替え申し渡し候ては景気に拘り」と、店や町の構造の大幅な変更には遊女屋の出費が増えることから難色を示した。町奉行は遊女屋寄りの立場をとる（同前）。

3　歌舞伎への影響

吉原の仮宅問題は玉を突いたように別の方面にも影響する。

吉原の火事より一ヶ月ほど前の八月二七日、芝居（歌舞伎）劇場街の猿若町（台東区浅草六丁目）も火災に遭い、多くの芝居小屋を焼失していた。浅草寺のすぐそばに位置する猿若町は、天保一二年（一八四一）、天保の改革によって江戸の中心部（堺町・葺屋町・木挽町）から芝居小屋が移転して成立。中村座・市村座・森田座のいわゆる江戸三座のほか、座元・役者の住居や芝居茶屋も集まる江戸の一大演劇街で、面積は一万八〇〇〇坪余りである。

火災後、芝居にかかわるものたちは興行をおこなえず「窮迫」していた。かといって、芝居は吉原のように江戸の市中で仮営業をおこなうことは許されていない。しかし、吉原仮宅の営業地区を検討するなかで、芝居の興行のありかたについても幕府内部で議論がなされる。

（吉原の遊女屋と芝居の関係者は）いずれも「遊戯」の家業であるが、一方の者には先例によって仮宅を許可しているのに、芝居の方は（火災にあっても）捨て置かれている。……ついては先例はないが、芝居の方も「市中へ出稼、仮芝居」を許可していただきたい。猿若町はかねてから取り締まりのため左右に惣門もあり、まったく「一廓の場所」である。この土地へ遊女屋をなるべくひとまとめにし、仮小屋を建築して営業させる。ただし吉原にくらべると狭い土地なので、すべては収容しきれない。そこで、「大見世」は深川・根津あたりで門をつくっても差し支えのない場所を見計らい、店構えを質素に目立たないように営業させたら、外国人の取り締まりにもなる。

（作成者・日付不明、「市中取締続類集」仮宅之部三ノ一）

猿若町は吉原とともに一日に一〇〇〇両（約一億円）の金が落ちると言われる江戸の二大悪所（遊

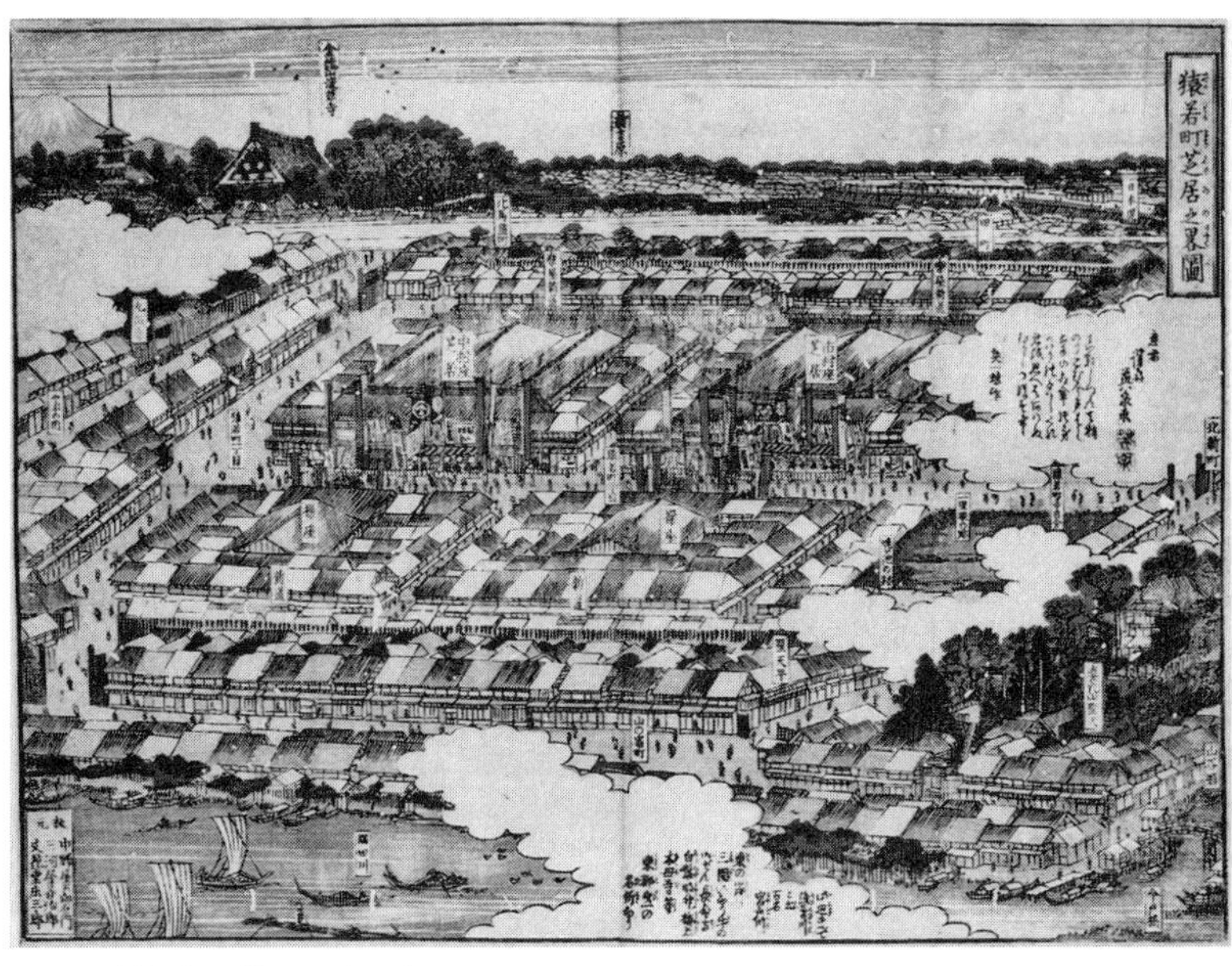

図 25　「猿若町芝居之略図」渓斎英泉画　天保 13 年（1842）10 月頃　東京都立中央図書館特別文庫室蔵　猿若町が廓のような構造であることがわかる。

興街）のひとつであるが、町のつくりも吉原に似ている。史料にもあるように、猿若町には吉原と同様取り締まりのための惣門が設けられ、「一廓の場所」として周囲の町から隔離されていた。江戸時代の歌舞伎役者は町人とは「身分の差別」があり、江戸市中で町人と交わることは好ましくないと考えられていたのである（『台東区史』通史編Ⅱ上）。

　このような事情もあり、史料の作成者は吉原の遊女屋の仮営業を猿若町でおこなうことを提案する。ただし、猿若町は吉原より狭い。大見世（大きい遊女屋）は深川・根津で営業させ、そのほかの遊女屋を猿若町に収容する。そして芝居については、吉原の仮宅のように江戸市中に出張する興行を認めたらどうか。このような提議があったのである。結果的には採用されなかったものの、歌舞伎業界にとっては革新的な提案であった。

4　営業区域の指示

一〇月二二日、新吉原町遊女屋惣代と町名主に、老中久世広周の命をうけた町奉行から仮宅営業区域が申し渡された。その折、今回は「外国人ども御府内に在留」しているため、従来通りには実施しがたいとの注意があり、深川の黒江町・永代寺門前町・仲町・山本町（江東区門前仲町・富岡）で一ヶ所、本所松井町一町目（江東区千歳）で一ヶ所、根津門前町（文京区根津）で一ヶ所、都合三ヶ所（地域）で仮宅営業をおこなうことが指示された（巻頭地図1参照）。

これまで、仮宅は浅草と深川一帯を中心に営業が認められてきたが、今回は浅草地域での営業は許されなかった。これは珍しいことである。浅草は外国人がしばしば立ち寄る観光スポットだから、幕府は仮宅を認めなかったのであろう。一方、たとえば根津周辺は外国人が遊歩することが少ない。くわえて根津には小さい娼家が存在していたことから、町奉行所では仮宅をこの地域に指定したようである。

町奉行は地域の指示とあわせて、

> このたびは惣構えへ囲い取り付け、見計らい惣門取り建て、何れも一廓ずつに相なり候よう補理（しつらえ）（造成）、外国人ども決して立ち入らざるよう取り締まり方厳重（に）相心得、仮宅中前々申し渡し候趣き急度（きっと）相守り、質素に渡世いたすべく候。
>
> （「市中取締続類集」仮宅之部三ノ一）

と、仮宅営業区域を囲む造作をおこなって周囲の町とは隔離し、外国人を中に入らせないよう厳命した。

外国人の江戸滞在は、江戸の遊興街のありかたにも変更をもたらしたのである。

第三章　外国人の警備

一　外国人警備部隊の設立

1　外国人殺傷事件の続発

安政六年（一八五九）六月、外交官の江戸駐在がはじまると、外国方・町奉行所・目付方から人員が公館（宿寺）に派遣され、その応接と取り締まりにあたることになった。

しかしその後まもなく、横浜・江戸では外国人殺傷事件が続発する。七月二七日、ロシア艦アスコルド号の乗組員が横浜の日本人町（横浜町）で襲撃され、水兵と見習士官の二名が死亡した。続いて一〇月一一日、神奈川駐在フランス領事代理ルーレイロ（Loureiro）の召し使っていた清国人が、港崎町の近くで武士に襲われ落命する。年明けの万延元年（一八六〇）一月七日には、イギリス総領事館通訳・伝吉が東禅寺門前で暗殺された。江戸で初めての外国公館関係者の殺傷事件である。そして二月五日、横浜でオランダの商船長デ・フォス（De Vos Wessel）と商人デッケル（Jasper Nanning Dekker）の二人が殺害された。

事件後の二月一二日、横浜のオランダ領事ファン・ポルスブルック（Dirk de Graeff van Polsbroek）は外国掛老中に抗議の手紙を書く。このなかでファン・ポルスブルックは、「凶暴なおこないを制止する方策を幕府は少しもとらない」ことを非難した（『幕末外国関係文書』三五）。外国方は外国人の警備体制について、このころから再検討を余儀なくされる。

外国人殺傷事件はしばしば大きい外交問題に発展したため、その警備は幕末期を通じて幕府の重要な課題であった。ところが、江戸における警備のありかたはこれまであまり知られていないようである。

2　警備の実情と町奉行への要請

万延元年（一八六〇）二月、オランダ商人殺害事件をうけて、外国奉行たちは警備の実情について次のように老中に上申する。

差し向き御府内（江戸）に滞留罷りあり候各国ミニストル等宿寺の儀、これまで外国奉行支配向き（配下）ならびに立合方（目付）支配向きの者相詰め候えども、右は宿寺一と通りの取り締まり向き等相心得候までの儀にて、この上増人数等申し付け候とも、万一非常異変等これあり候節は、右の者どもにて実地の警備行き届き候儀は事実において出来がたき……

（『続通信全覧』「各国公使旅館警衛一件」）

外国奉行は、現在外国公館に詰めている人員（外国方・目付）は寺のひとわたりの取り締まりを担当しているだけと考えていた。だから、かれらを増員しても非常時に「実地の警衛」（実効的な警備）は難しい、というのである。そして、「異人どもへ対せられ候てもその筋の者相詰め候儀にこれなく候ては、御取り締まりの響き方薄く」（同前）と、警備のプロを配置しなければ、外国人から取り締まりの実効性が低いと思われるのではないか、と指摘した。

このような取り締まりの心もとなさから、外国奉行は町奉行と火附盗賊改に公館への増援を要請する。言うまでもなく、町奉行（所）は警察としての実力行使機能を持ち、また火附盗賊改も盗賊・博徒の逮捕の権を有する、いずれも治安維持のプロである。

しかし、町奉行池田播磨守頼方は外国方の要請を断った。池田の言い分はこうである。

・万一寺の内外で口論が起こったり狼藉者がいたとき、町奉行所の者どもは「御国人」（日本人）の「取鎮方」（鎮静）・「捕方」（捕縛）が主な役目であるから、「夷人進退」（外国人の退避行動）には関係しない。

・外国方・町奉行方はそれぞれ（現場で）担当の任務があるから、事前の申し合わせがなければ外国人を立ち退かせるのに手後れになってしまう。

・むしろ外国奉行の配下から、一ヶ寺へ三人ずつ、（通常の役人とは）別に昼夜詰めさせ、外出の際もすべて外国人の行動に付き添い、万一のことがあった場合は異変に構わず、外国人を警衛して無難に立ち退かせるようにすべきだ。

（「各国公使旅館警衛一件」）

池田頼方は、みずからの配下は日本人の取り締まりが任務であり、外国人警備はあくまで外国方の担当だと言い張り、警備の責任を回避しようとした。池田は老練の町奉行である。

この回答に対して外国方は、「町奉行の言う警備の分担は、火事のような場合はともかく、外国人をねらった事件の際は役に立たない「紙上（机上）之議論」である。外国人を守るためには悪徒を捕り押さえるしか方法がないときもある。非常事態が発生したときは、町方・外国方の区別なく宿寺にいる人員が協力して外国人護衛にあたるべきだ」と反論する。ごく正論であった。

結果、町奉行所からは、これまで各公館（善福寺・東禅寺・済海寺）に配置していた人数を各四人から各八人に増員するとの回答を得たが、火附盗賊改は泊まりこみ警備を断ってきた（同前）。

外国奉行の協力要請にふたつの機関は消極的だった。他機関からの応援に多くは望めず、外国奉行はみずからの指揮下に人員を確保する必要に迫られていた。

3　外国奉行支配手附

そこで外国奉行は、警備人員を番方（幕府の軍事関係の役職）から外国方へ「出役」（出向・兼務）させるというかたちで獲得することを考えつき、二月二八日に老中に要望書を出す。

第一希望は、先手組（江戸城門の警備などを担当）・持組（弓・鉄砲隊）からの選出である。その次の候補は百人組（鉄砲隊）の与力・同心であった。いずれも幕府の軍事部門を形成する組織で、ことに先手組は将軍外出時の警護もおこなうエリート集団である。

外国奉行は、これらの組織からだけでは人数が足りない場合、小普請組、御三卿の清水家附の幕臣より「武辺（武術）心懸け宜しき者」を選定するのもやむを得ないと考えていたが、小普請組は「警衛筋」（警備関係）には不慣れであり、なるべくはふだんから警備をおこなっている幕臣の派遣を望んだ。

しかし、外国奉行の希望する番方からの出向は実現しなかった。「外国奉行支配手附」(外国方手附)として外国方へ出役を命じられたのは、小普請組の四五人に、清水家附より一五人、合計六〇人である。小普請組には幕府の役職についていない幕臣が所属するが、病気や罪科のため職務を免じられたものも編入される。清水家はこの時期当主が置かれておらず、所属の幕臣はほぼ無役といってよい状況である。いずれも警備のプロではないのはもちろん、ふだん役務にさえついていない幕臣たちばかりであった(万延元年四月、「各国公使旅館警衛一件」)。

外国奉行は、警備のプロでなければ実効ある外国人警衛は難しいと考えていた。そのため、警備を主務とする幕臣の出向を要望したが、そのプランは実現しなかった。警備陣の顔ぶれに外国奉行は内心不安を覚えていたことだろう。のちに別手組とあらたまり、その軍事力によって外国人警備以外の局面でも躍動するこの部隊は、このようなかたちで生まれたのである。

4　外国御用出役の設立

外国奉行支配手附の実力がためされる事件が発生したのは、その年の暮れである。万延元年(一八六〇)一二月五日の夜、アメリカ公使館通訳ヒュースケンは赤羽接遇所から善福寺に戻るため、鈴木善之丞ら三人の外国奉行支配手附に護られて古川のほとりを騎乗していた。午後九時ころ、一行が中ノ橋の付近に差しかかったとき、待ち伏せていた複数の覆面の男たちが刀で襲いかかった。ヒュースケンは致命傷を受けてその夜のうちに死亡、しかし、三人の外国方手附は襲撃者に抵抗せずに逃げ散ったのである（レイニアー・H・ヘスリンク『ヒュースケン暗殺事件』）。江戸における初の外交官暗殺事件は幕府の警備体制が脆弱であることを露呈させ、外国側はその体制の見直しを強く迫ることになる。

事件後の一二月一一日、外国奉行新見正興らはイギリス公使館書記官ユースデン（Richard Eusden）と対談した。新見は護衛（外国奉行支配手附）にこれまで以上に注意させると述べたが、ユースデンは「事件があったときは悪党たちを取り逃がしており、付き添いは意味がないように思う。ほかに考えがあればお伺いしたい」と問いただす。外国奉行は「よく考えて申し入れるようにする」と答えたが、ユースデンは「考えるまでもないだろう。勇気のある役人を警備に付ければよいのだ」と発言した（『幕末外国関係文書』四五）。外国側は幕府が何の見直しも考えていないことにあきらかにいらだっていた。

一二月一六日、イギリス公使オールコック、フランス公使ド・ベルクールは幕府の外国人警備体制を非難する声明とともに江戸から横浜へ退去した。オランダの外交代表デ・ウィット（Jan K. De

Wit）もすでに江戸を去っており、修好通商条約の交渉中だったプロイセン代表オイレンブルク（Friedrich A. Graf zu Eulenburg）も一九日に江戸を離れた（ただしハリスは江戸にとどまった）。江戸から横浜という短い距離の移動だが、幕府への強い抗議の意がこめられていたのである。

この後、幕府の交渉委員が横浜に派遣され、イギリス・フランスの領事と安全確保に関する協議がなされた。英仏側は外国人の警備についてどのような手段を考えてきたのかとただす。幕府側は「公使館をより多数の役人で取り囲むことはできる」と答えた。幕府は特段のアイデアを準備してこなかったのである。英仏領事は「尾行・監視を含む」この警備方法を、「使節の自由や尊厳と両立し得ない苦痛を引き起こし、まったく外国公使の安全に役立たない」と厳しく批判した。そして警備陣を「自分たちの義務を果たすべく用意のできた護衛」と入れ替えることを要望する（『幕末外国関係文書』四六）。英仏が望んでいるのは警備陣の人数を増やすことではない。その質的な向上であった。

外国側の強い要望をうけて、幕府は外国方手附とは別に新たな外国人警備部隊を設立する。文久元年（一八六一）一月一八日、幕府は講武所（幕臣の武術教習機関）から、旗本・御家人の別なく武術にすぐれたものを抜擢し、「外国御用出役」として三〇〇人を外国方に出向（「出役」）させ、外国人の警備にあたらせることにしたのである（「別手組雇放」。人数は史料により異同がある）。

一月二一日、外交官の安全確保に関する幕府の努力をみたオールコックとド・ベルクールは、横浜から江戸の外国公館に戻った。幕府は公使の江戸帰還をお台場の祝砲で迎える。市ヶ谷三年坂（千代田区五番町）で退隠生活を送る旗本の川路聖謨は、「大砲の音頻（しきり）なり、英仏二夷人の酋、再び宿寺へ帰たる祝砲のよし」と日記に記した（「座右日記」）。江戸の人々は砲声から対外関係の危機の消滅を理解した。そして警備陣も一新され、その実力が期待されることになる。

二　外国人警備の実態

1　別手組の編成と警備

外国御用出役の成立後、従来の外国奉行支配手附は御用出役とともに勤務にあたっていたが、文久二年（一八六二）一〇月に支配手附は廃止され、メンバーは御用出役へ「出役替」（出向先の変更）を命じられた。文久三年九月一三日、外国御用出役は「別手組」と改称される（『古事類苑』官位部三。「別手組雇放」では文久二年九月一三日とするが他史料から勘案しても誤り）。

文久二年二月の史料によると、外国御用出役は五つの組（「頬」）から編成されており、それぞれの組に頭取が二人ずつ、合計一〇人が任じられた（「各国官舎事件　坤」）。文久三年六月八日からは組織のトップとして外国御用頭取取締（のち別手組頭取取締）が置かれ、おおむね一〇〇俵から五〇〇

図 26　夜警の役人たち　1864 年　横浜開港資料館蔵

俵程度の旗本がその任にあてられた。初代の外国御用出役頭取取締は永持亨次郎（一〇〇俵）と織田市蔵（信重、三〇〇俵）である。

別手組（以下、外国御用出役時代も含めて述べる）はどのように外国人の警備にあたったのだろうか。かれらはふだん、寺院（外国公館）の境内に建てられた詰所に待機していたが、必ずしも外国公館の警備をおこなっていたわけではなかった。

たとえば、外国御用出役肝煎（きもいり）として東禅寺事件に活躍した天野岩次郎は、

「私共の方ハ実は総体の護衛と申す訳で無い、個人的の護衛でありました」「私共ハ館内の護衛といふ者でハ無い、五十人といふ組合の者は外国人が出行する時に護衛する役であつた」

と証言する（「天野可春君東禅寺英国公使館争闘実歴談」）。つまり、別手組は外国公館という「場所」の警備ではなく、外国人の外出に付き添って「人」に対して警備をおこなうのが原則であった。後述するが、外国公館全体の警備は大名家が担当しており、警備の範囲と方法が両者では異なっていたのである。

もっとも、この外出時の同行警備は外国人からは評判が悪かった。イギリスの外交官アルジャーノン・ミットフォード（Algernon Bertram Freeman-Mitford）が、「我々を護衛するというよりも、我々をスパイすることにずっと大きい関心を持っているようであった」（長岡祥三訳『英国外交官の見た幕末維新』）と語っているように、外国人からは警備ではなく、行動を見張られているととらえられていたのである。

2　別手組の人員配置

それでは、どのくらいの人数の別手組が外国公館に配置されたのだろうか。文久三年（一八六三）三月時点における別手組の配置人員を次の史料から見てみよう。

各宿寺へ公使（「ミニストル」）が在留している場合　　　御用出役　百人詰

各宿寺へ公使と士官等が多人数在留している場合　御用出役　百六七十人詰
士官のみ在留の場合　士官一人であっても　御用出役　二十五人詰
但し士官が多人数になったときは、見計らって百人程詰めること
外国人が一人も在留していない時でも、臨時の急な出府も考えられるので　御用出役　十人詰
（「各国官舎事件　乾」）

公使が滞在しているときには一〇〇人、随行の人数により最大一六〇人から一七〇人の別手組が外国公館に配置され、急な出府にそなえて外国人不在のときでも一〇人ほどが公館に詰めていたのである。

慶応元年（一八六五）五月の別手組頭取取締の上申書では、「出府外国人の人数に応じて、ひとつの宿寺に一五〇〜二〇〇人の警備人員が詰めており、これに交代要員をくわえると、一五〇人詰めの公館には三〇〇人の人員がいなければ警衛が行き届かない」（「各国公使旅館警衛一件」）としており、実質的には上記の二倍の人員を必要とした。

どうしてこのような多くの人員が必要だったのだろうか。アメリカ公使プラインは、五人のアメリ

カ人の外出に、三二人の騎乗した役人（Yakonines　外国御用出役）と二二人の別当が従ってきたことを記し、外出時の行列は「見るに値する〝大名行列〟（cavalcade）」だと皮肉をこめて書いている（一八六二年五月二三日付、プライン文書）。また、サトウもみずからの外出時には「六人」の隊士がついてきたと語っており、一人の外国人に六人程度の別手組が必要だったことがわかる。
外国人に日本の護衛がついたことは知られていない話ではないが、それは意外にも多くの人数を要し、幕府に負担をあたえることになる。

3　別手組の採用

外国人から評判の悪かった別手組だが、攘夷の風潮の強いこの時期、かれらは日本人からも厳しい目を向けられ、外国方はその採用に苦心する。

何分当時の人は外国人と云ふ者は、踵（かかと）がなく尻尾（しっぽ）が附いて居るなど云ひしことゆえ、その外国人のお供をするので別手組は軽蔑され、十人扶持でも誰でも好むで勤むる人はなかつたのです。その頃別手組の詰所の壁へ
「昨日まで楊枝削つた叔父さんが今日は別手の肝煎となる」

など、云ふ落首もあつた位です。

（「史談会記事」『旧幕府』三―九）

「楊枝削つた叔父さん」とは、いわゆる「厄介叔父」とも呼ばれる、生涯を当主に寄食するしかなかった二男以下の幕臣の子弟のことである。幕府の制度下では、原則として親の役職をその長子が受け継いでいく。戦闘能力が求められるはずの番方も世襲であった。しかし危険が予想され、また希望者が少ない別手組の募集にあたって、幕府は「当主・子弟・厄介の別なく」（「別手組雇放」）人員を求めた。役に就いていない当主のほか、扶養される親族にまで範囲をひろげてメンバーを募集せざるを得なかったのである。

隊士の給与は、旗本で一〇人扶持（約五〇俵）、御家人で五人扶持（約二五俵）であった（「史談会記事」）。旗本・御家人のなかではけっして高い収入・格ではないが、楊枝削りなどの内職をせざるを得なかった厄介叔父からすると、悪くない待遇である。

このような成立事情から、別手組では何かしらの問題を起こしたものでも、武術に秀でていれば重用される傾向があった。たとえば、小十人組から外国御用出役を命じられた大島得三郎は、「一時心得違」があって文久元年（一八六一）に罷免された。しかし、「いまだ壮年（三一歳）にもこれあり、ことに武術達者にて外国人護衛向きには屈強の人物」であることから、文久二年一〇月、関係者から再度の勤務を求める声があがった（「各国官舎事件　坤」）。

別手組はこれまで幕府の役職につけなかった少なからぬ幕臣とその子弟に、武芸の実力によってその門戸を開いた、とも言える。このことによって、別手組は実際的な警備・戦闘能力を徐々にたくわえ、幕府にとって利用価値の高い組織となっていくのである。

4　大名の公館警備のはじまり

幕府は幕臣からなる別手組とは別に、大名を外国公館の警備にあてる。前述のように、外国人の外出に付き添う別手組のほか、公館（寺院）の周囲を警備する人員が必要とされたのである。

万延元年（一八六〇）一一月二一日、幕府は江戸の各公館（宿寺）を警護する命令を大名に出した。ヒュースケン暗殺事件（一二月五日）直前のこの時期、浪士が外国人襲撃をくわだてているという噂が流れていたのである。警備を命じられたのは、戸沢正実（出羽新庄藩）—赤羽接遇所（プロイセン使節）、松平乗全（三河西尾藩）—長応寺（オランダ）、松平忠栄（摂津尼崎藩）—済海寺（フランス）、石川総禄（伊勢亀山藩）—済海寺、阿部正教（備後福山藩）—東禅寺（イギリス）、松平忠愛（肥前島原藩）—善福寺（アメリカ）の六家である。善福寺の所蔵する軸装の文書にも、一一月二四日付で「外国人宿寺へこのたび諸家警衛仰せつけられ候」という文言が見られ（『江戸の外国公使館』）、このころから大名による本格的な警備がはじまったことを裏づける。

老中安藤信正は、「以後宿寺へいよいよ附添の者人撰出来の上は、時宜により諸侯の護衛は相止め候心得」とハリスに説明しており（万延元年一二月二七日、『幕末外国関係文書』四六）、大名による警備は幕府直属の護衛部隊（別手組）が整備されるまでの暫定的な措置と幕府は考えていた。しかし、大名による警備は慶応元年（一八六五）ころまで継続され、多くの大名がその任にあてられることになる（次頁の表参照）。幕府は、使番（つかいばん）（大名家への使者・巡察を担当）を警備の監督・責任者として各寺に派遣し、そのもとで大名が公館の警備をおこなうという体制を整える（拙稿「幕末江戸の外国公館」）。

5　公館警備の様相

外国公館の警備の実際を、シュリーマンの日記の記述をもとにしながら、そのほかの史料からも補ってのぞいてみよう。

慶応元年（一八六五）閏五月三日に江戸を訪れ善福寺に滞在したシュリーマンは、寺の警備状況を次のように記している。

外国公館警衛諸藩一覧

国・藩名	藩主	石高	警衛公館(宿寺)と警衛時期
越後与板	井伊直充・直安	20,000	長応寺：安政6年(1859)12.29〜万延元年(1860)1.10頃 善福寺：元治元年(1864)6〜慶応元年(1865)4.19
肥前島原	松平忠愛	65,900	善福寺：万延元年(1860)11.21〜文久元年(1861)1.13
三河西尾	松平乗全	60,000	長応寺：万延元年(1860)11.21〜？ 東禅寺：？〜文久元年(1861)10.9
備後福山	阿部正教	110,000	東禅寺：万延元年(1860)11.21〜文久元年(1861)1.13
伊勢亀山	石川総禄	60,000	済海寺・正泉寺・大増寺：万延元年(1860)11.21〜？
摂津尼崎	松平忠栄	40,000	済海寺・正泉寺・大増寺：万延元年(1860)11.21〜？
出羽新庄	戸沢正実	68,200	赤羽接遇所：万延元年(1860)11.21〜？
和泉岸和田	岡部長寛	53,000	東禅寺：？〜文久元年(1861)1.13 東禅寺：文久元年(1861)10.9〜？
上野高崎	松平輝声	82,000	善福寺：文久元年(1861)1.13〜2.20
大和郡山	松平(柳沢)保申	151,288	東禅寺：文久元年(1861)1.13〜2年(1862)4.16
美濃岩村	松平乗命	30,000	赤羽接遇所：文久元年(1861)2.11〜？ 東禅寺：文久元年(1861)7.20〜10.9
上野沼田	土岐頼之	35,000	赤羽接遇所：文久元年(1861)2.11〜？
摂津高槻	永井直輝・直矢	36,000	善福寺：文久元年(1861)2.20〜2年(1862)6.23頃
美濃加納	永井尚典	32,000	善福寺：文久元年(1861)2.20〜？
上野館林	秋元志朝	60,000	善福寺：文久元年(1861)6.20〜2年(1862)2.17
越後高田	榊原政愛	150,000	東禅寺：文久元年(1861)6.20〜7.20
丹後田辺	牧野誠成	35,000	済海寺・正泉寺・大増寺：文久元年(1861)6.20〜？
信濃松本	松平(戸田)光則	60,000	済海寺・正泉寺・大増寺：文久元年(1861)6.22〜7.16 東禅寺：文久元年(1861)8.23〜2年(1862)6.2
下野宇都宮	戸田忠恕	77,800	善福寺：文久元年(1861)8.20〜9.5　＊実際には警備せず。
陸奥福島	板倉勝顕	30,000	善福寺：文久元年(1861)9.5〜2年(1862)6.23頃
陸奥三春	秋田肥季	50,000	善福寺：文久元年(1861)12.25〜2年(1862)6.23頃
遠江横須賀	西尾忠篤	35,000	善福寺：文久元年(1861)12.25〜？
美濃大垣	戸田氏彬	100,000	東禅寺：文久2年(1862)4.16〜？
駿河田中	本多正訥	40,000	済海寺：？〜文久2年(1862)6.2 東禅寺：文久2年(1862)6.2〜？
越後村上	内藤信思	50,090	東禅寺：文久2年(1862)12.20〜？
丹波篠山	青山忠敏	60,000	済海寺：文久2年(1862)6.2〜3年(1863)1.12
信濃上田	松平忠礼	53,000	善福寺：文久2年(1862)6.23頃〜3年(1863)5頃
近江水口	加藤明軌	25,000	善福寺：文久2年(1862)6.23頃〜？
越前勝山	小笠原長守	22,777	善福寺：文久2年(1862)6.23頃〜？
若狭小浜	酒井忠氏	103,500	済海寺？：文久3年(1863)1.12〜？ 善福寺：文久3年(1863)7.16〜？ 済海寺？：文久3年(1863)11.29〜？ 善福寺：文久3年(1863)12.17〜元治元年(1864)2.11
常陸笠間	牧野貞直	80,000	善福寺：元治元年(1864)2.11〜？
越前丸岡	有馬道純	50,000	善福寺：元治元年(1864)6.13〜？ 長応寺：年不詳7.22〜？
陸奥白河	阿部正外	110,000	善福寺：元治元年(1864)6.4〜6.13
美濃郡上	青山幸宜	48,000	善福寺：慶応元年(1865)4.16〜？

＊『維新史料綱要』『続通信全覧』を中心に自治体誌、諸機関所蔵文書から作成。個々の典拠については『江戸の外国公使館』所収の「年表」を参照のこと。
＊外国公館の警衛にあたったすべて藩が判明しているわけではない。

こちら（公使館）もすぐそばに大きな寺があり、三重に防御され、大勢のヤクニンによって警備されている。その数は、夜間は三〇〇人、日中でも一五〇人は下らないほどだ。毎晩合言葉が決められ、その言葉を大声で叫ばずに通り過ぎようものなら、瞬時に切り倒されてしまう。今晩の合言葉は「ダレ（誰）」に対し「カーゼ（風）」だった。寺の入り口は一ヵ所だけで、大きな門を二ヵ所くぐって進むのだが、夜間は厳重に閉鎖されている。これらの門には見張り小屋があり、さらに多くの見張り小屋が寺内のいくつかの中庭と公使館の周りに設置されている。各見張り小屋には提灯が豊富に備え付けられており、見張りが昼夜を問わず、特に夜間は絶え間なく警備している。

（『シュリーマン直筆幕末日記』一八六五年六月二五日付）

シュリーマンの言う「三重の防御」は、大名の警備状況を描いた「善福寺境内御固諸家持場絵図」（東京大学史料編纂所蔵、図27）からも確認できる。善福寺は内側から板塀、菱矢来、朝鮮矢来と三重の柵（塀）で囲われており、各所に見張りの人員と番所が配されていた。この絵図の時期には四つの藩が警備にあたっており、その担当範囲が色分けされて示されている。寺院の敷地は広くその警備に多くの人員を要したことがわかる。

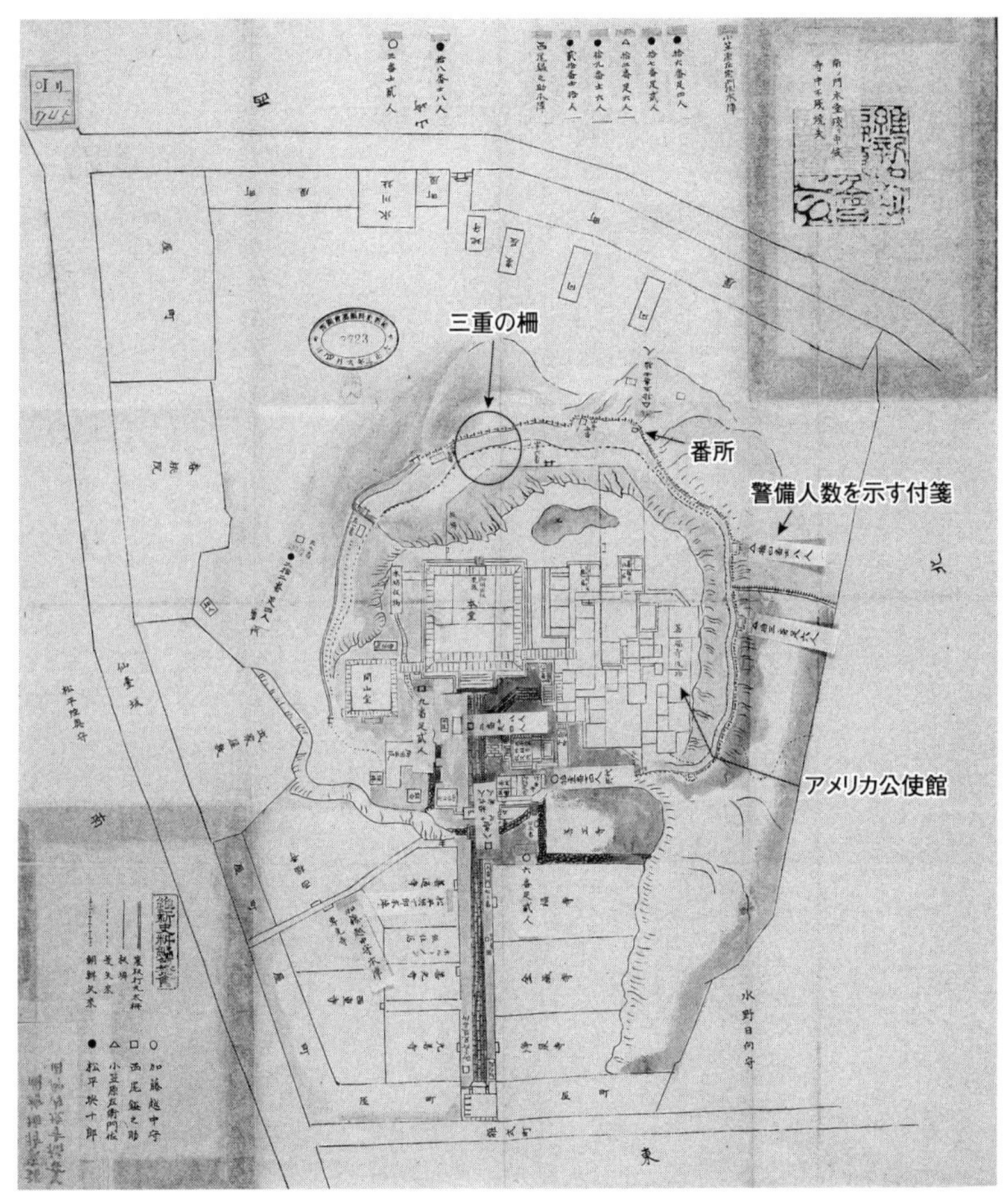

図 27　「善福寺境内御固諸家持場絵図　全」東京大学史料編纂所蔵（維新史料引継本）

上野国館林藩（群馬県館林市）の藩士が記した警備日誌「善福寺出張中日記」（文久元（一八六一）～二年、港区立郷土歴史館蔵）には、シュリーマンも耳にした合言葉が記録されている。そのなかには「松・風」「糸・竹」「雨・露」といった風雅なもののほか、「鳩・豆」「玉子・海苔」「姥・娘」など少々ユニークな文言も見える。合言葉は毎日変更されていたのである。

シュリーマンが見た見張小屋の提灯には、警備した大名の紋章が描かれていたはずである。アメリカ公使プラインの故郷オルバニー（Albany ニューヨーク州）のオルバニー歴史文化研究所（Albany Institute of History & Art）には、表紙に「目印」と記された日本の古文書の綴りが二点残されている。綴りには、足軽・中間の着用する法被、鉢巻、そして纏や提灯に付される絵柄が描かれ、日本語とオランダ語の説明が併記されている。この綴りを作成したのは越後与板藩（新潟県長岡市）井伊家と陸奥白河藩（福島県白河市）阿部家の家臣で、両家ともに元治元年（一八六四）六月にアメリカ公使館善福寺の警衛を命じられてい

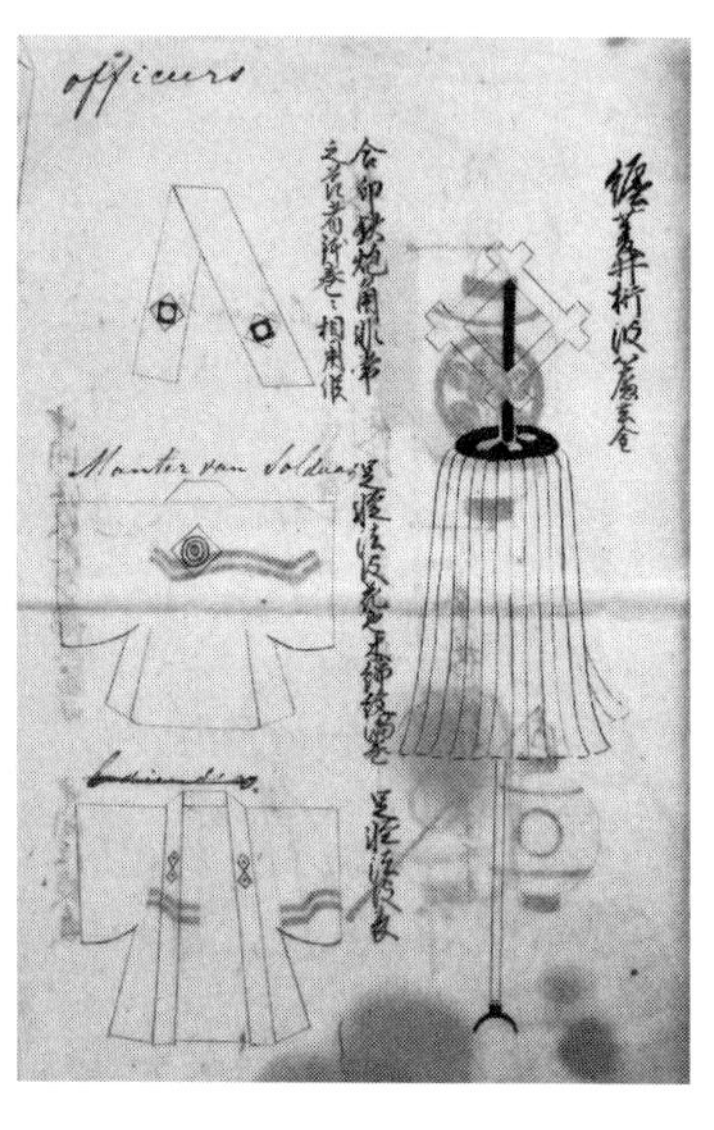

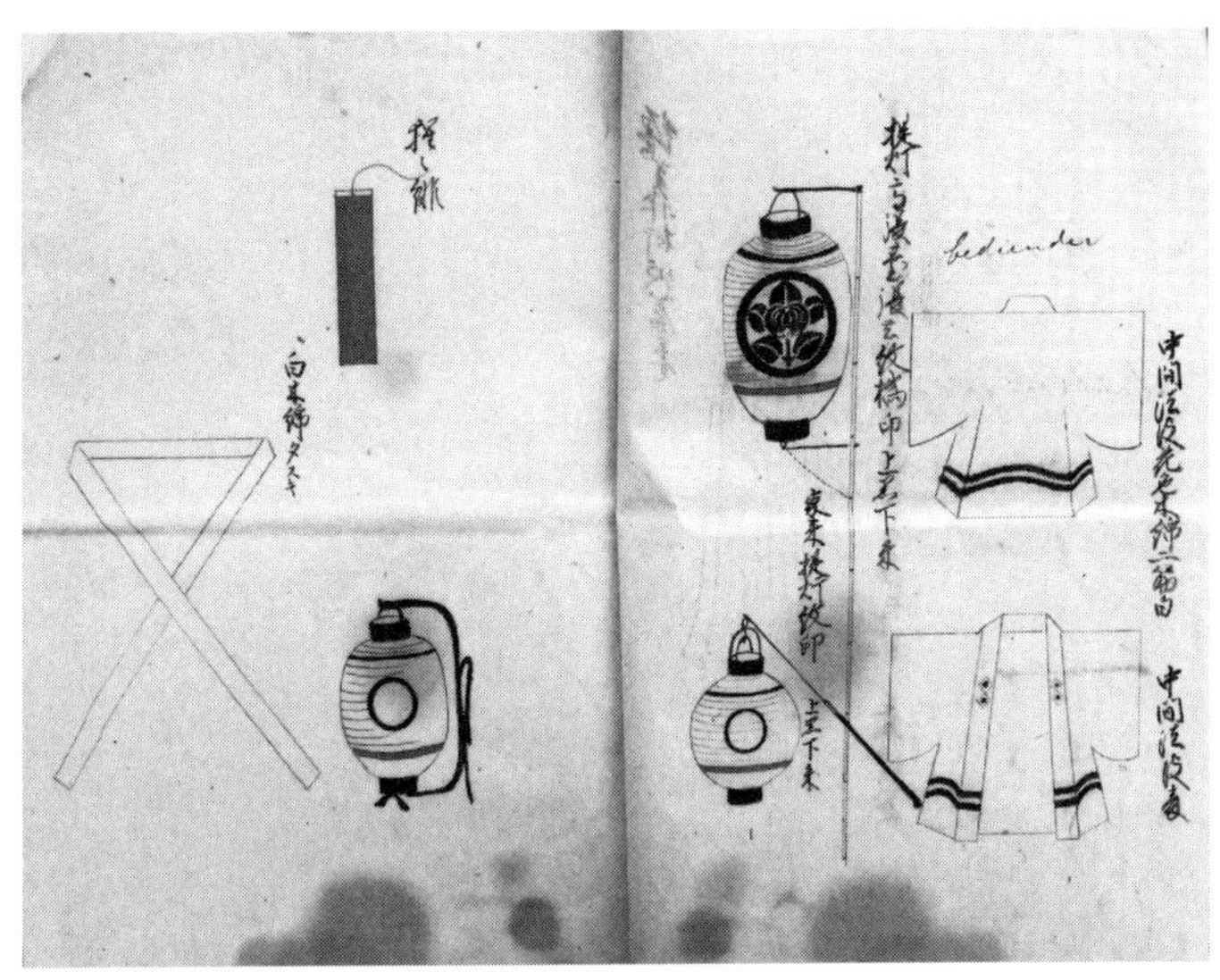

図 28　**「目印」**オルバニー歴史文化研究所蔵　© Albany Institute of History & Art
与板藩井伊家が作成したもの。

る。つまり、綴りはアメリカの外交官が護衛を識別できるよう、警備担当者が用いる服や備品の紋章等を図示したものなのである。

「善福寺出張中日記」には、新たに善福寺を警備することになった藩が「御目印等(を)外国方へお届けになった」(文久二年一月四日項)との記述があり、「目印」、つまり警備担当藩の紋章などの情報が外国方に通知されていたことがわかる。そしてこの「目印」は、外国方がオランダ語訳をつけて外国公使に交付したのである。

三　大名、警備の免除を願う

1　宇都宮藩の公館警備反対

大名による外国公館の警備は、一種の軍役ととらえることができる。軍役とは、幕府が大名に課す軍事的な役務で、大名にはそれを忠実に履行する義務が生じる。しかし、ことは外国人の警備という特殊な役務である。なかには警備が免除されるよう幕府に働きかける藩もあった。その藩が残した史料から、大名家の外国人警備にかかわる苦悩、あるいはジレンマが透けて見える。

文久元年（一八六一）八月二〇日の夕方、下野国宇都宮藩戸田家の江戸藩邸の担当者は老中久世広周（ひろちか）より呼び出され、老中の公用人よりアメリカ公使館善福寺の警備を命じられた。江戸藩邸の家老・間瀬和三郎は藩の重臣と命令について協議を重ね、警備の免除を願い出ることになる。

その嘆願書の草稿と思われる史料が二点、館林藩秋元家の重臣岡谷繁實（おかのやしげざね）の関連文書のなかに残っていた（「岡谷文書（二〇）」）。秋元家と戸田家は婚姻関係を重ねるなど縁が深いが、岡谷と間瀬もまた、ともに尊王攘夷思想を抱く同志として親しい間柄であった。おそらく、間瀬がこの命令について岡谷に相談したのだろう（ただし史料の作成者名は記されない）。

以下この史料をもとに、警備を命じられた宇都宮藩の内情と藩士の心情を見つめてみたい。

2　攘夷と外国人警備

宇都宮藩ではペリー来航以来、外国の脅威に対し「武備専要」につとめよとの幕府の方針に応じて、家臣に武術の訓練を命じてきた。このため、外国との戦争が生じた場合、家臣は身命(しんみょう)をかえりみず働きたいという「心底に凝り固ま」っていたという。ところが今回、「異人の為」に「御国（日本）の士を害し候義」、つまり外国人を守るため日本人を殺害する可能性のある外国公館警備を命じられた。この命令は幕府のこれまでの趣意に反するため、家臣は容易に承服しなかった。かれらは「宿寺御固は御国へ対したてまつり恥辱の義」とまで思い詰めており、警備を強いた場合は「御暇」を願うものも出るかもしれない、と間瀬は言う。

江戸時代後期の幕府や諸藩の対外方針は、外国の日本来襲に対して武備を整えるという、その根底に攘夷思想を幾分でも含みこむものである。しかし外国公館警備は、日本を襲ってくるはずの外国人を日本人の襲撃から護るのが目的で、ここにジレンマが生じる。

とりわけ宇都宮藩は尊王攘夷思想の影響を強く受けていた。嘉永三年（一八五〇）から尊王論者・大橋訥庵(とつあん)を招聘、大橋が黒幕の坂下門外の変の計画にも藩の関係者の姿が垣間見える。さらに文久二

図29　戸田忠至（間瀬和三郎）横浜開港資料館蔵

年（一八六二）には山稜（天皇の墓）の修理を提案するなど、関東では水戸藩と並び尊攘思想が浸透した藩であった。当然、外国公館の警備令が下された藩内は不穏な空気に包まれる。「当家中（宇都宮藩）ニハ勤王論ノ欝勃タリシ際ナリケレバ、此洋夷保護ノ幕命ヲ受ケテ一名モ之ニ趨カントスル者ナシ。却テ彼ヲ害セントトス」（『宇都宮城主戸田御家記』）と、警備命令に応じるどころか、外国人を襲おうとする動きさえあった。

宇都宮藩では、先々代の藩主・戸田忠温（山城守）が嘉永四年（一八五一）に死去して以来、幼い藩主（忠明・忠恕）の治世が続いた。年少の大名の治政は不安定になりがちだが、間瀬が「千辛万苦」して藩主を補佐し、家臣団・領内は「静謐」に治められていたという。しかし近年、日光の警衛や浪人の捕縛など、多くの人員と出費を必要とする幕命により藩財政は窮乏していた。この状況下で外国公館警備を請けると、「人気」（家臣の雰囲気）が不穏になって藩内が一気に「崩」れることが懸念された。そこで間瀬は、先々代の戸田忠温が幕府の「御役」（寺社奉行（天保一一年・一八四〇）、老中（弘化二年・一八四五）を「首尾よく」勤めたことも勘案していただき、ほかの「御役場」（警備場所）に振り替えてほしい、と書く。

間瀬は外国公館の警備が、攘夷思想の根付いた藩内の混乱を招くことをなによりも心配する。そこで、幕府の命じる役務を十分に果たしていること、その役務による財政的な逼迫、先々代藩主の幕政における貢献などを理由に、警備の免除を願い出ようとした。しかし、一度出された幕命を覆すのは容易なことではない。

間瀬和三郎はいきりたつ藩士をなだめ、老中久世広周の屋敷を訪れた。間瀬は宇都宮藩の重臣とはいっても、老中とは身分の差があって本来容易には面会できない。しかし、間瀬は「非常ノ決意」を示してその場を動かなかった。くわえて、間瀬の「人物」は諸侯のあいだにも知られていたことから、久世はやむなく面会を許した。間瀬は家中の状況を述べ、善福寺の警備を請けたらかえって「不慮ノ憂」のあることを久世に告げた（『宇都宮城主戸田御家記』）。この結果、九月五日に宇都宮藩は善福寺の警備を免ぜられたのである。

余談だが、間瀬和三郎は宇都宮藩の山稜奉行として近畿にある陵墓の補修工事にあたり、慶応二年（一八六六）には宇都宮藩より一万石を分与され高徳藩（栃木県日光市）戸田家を興した。慶応三年には幕府若年寄にも任じられた戸田忠至がその人である。

3　白河藩士への「愚弄」

「外国人宿寺固之留」（国立公文書館蔵）は、大名に出された外国人宿寺（公館）等への警備命令とその関連文書を写した史料である。そのなかに、陸奥白河藩主阿部正外（越前守）から幕府に提出された、アメリカ公使館善福寺の警備免除を願う書簡（元治元年（一八六四）六月一三日付）が収められている。この嘆願書からは、実際に外国公館の警備についた藩がその免除を切望するいきさつを考えてみよう。

白河藩が警備を命じられたのは元治元年六月四日である。しかしこのころ、江戸に藩士は少なかった。文久二年（一八六二）の幕政改革（文久の改革）によって参勤交代の制度が緩められ、少なからぬ家臣が白河に帰っていたのである。だが、幕府の命令書に「暫時」（少しのあいだ）とあり、そのうえ「火急」の命令であったため、とりあえずありあわせの人数を警備に出した。しかし、幕府から命じられている他の役儀もあり、公館警備にまわせる人数が足りない。国元の白河より人を呼び寄せる手筈をとったが、江戸から遠くすぐには間に合わない。

そのうち、外国人たちが善福寺に入ってきた。外国人の「下官の者」は寺の敷地内を徘徊し、番士の見張番所へ「理不尽」に立ち寄り、置いてあった刀に手をつけた。武士からすると快い振る舞いではない。番士は外国人を差し留めたうえ、このことを善福寺に詰める外国方の担当者へ連絡した。外国方は外国人にさっそく注意すると答えた。ところが一昨日の夜、警備の控所の庭にまた「下官の者」が二人やってきた。番士が戻るよう手まねで伝えたが、外国人は役人の詰所を土足で通り抜け、さらに番士に対し「愚弄」するような行為をおこなった。これらの振る舞いは「無礼・法外」と藩士には映った。

藩では警備のものに、外国人からどのようなことをされても構うことはないと再三申し含めていた。しかし、白河藩の「士風」（藩士の気風）として「短慮の生質（気質）」があり、警備の武士も「若輩者」が多いため、このような外国人の行為に堪えかねて「心得違い」が起こる恐れがあった。そこで藩は、ほかの御役場に振り替えてもらいたいと幕府に願い出たのである。

この嘆願書からは、外国人の何気ない振る舞いによって、警備の武士が不快な思いを募らせていたことがわかる。ことに、地方から江戸へ出てきた藩士は外国人を見慣れていない。相互の習慣の違いもあって、さらなる異変の発生が懸念されていたのである。

嘆願の結果、白河藩はこの日（一三日）じゅうに警備を免じられた。藩主阿部正外は外国奉行・町奉行などを歴任した開国論者の旗本だが、この年の三月に宗家白河藩阿部家を継ぎ、六月二四日に老中に就任することになる。しかし、藩主が開国論者であっても、外国人の警備はなかなか難しい役儀であった。

このような外国人警備の気苦労は、文久元年八月の「江戸巷説　流行もの尽し」にも次のようにうたわれている。

一　気がもめて
　　　つまらないものは
　　　　異国人御固
　　　　御使番宿寺詰
　　　　夜鷹の亭主

（『側面観幕末史』上）

警備の担当となった藩や使番の、「気がもめる」わりに「つまらない」（得るところが少ない）ことは夜鷹（夜間に路傍で客を引く売春婦）の亭主と同様だという。庶民は武士の本音をうまく見抜いていた。

4　大名警備の終焉と別手組の任務拡大

以上のような大名の抵抗もあって、幕府は別手組のみで外国公館を警備させるようになる。次の史料は慶応元年（一八六五）六月に外国奉行山口直毅らから老中に出された上申書であるが、ここから大名の公館警備が終わりを迎えつつあったこと、そして別手組の任務が大幅に拡大していくようすが読みとれる。

別手組出役の儀、一体外国人所々出行の節、途中附き添い警衛等相心得候までの勤柄にて初発それぞれ仰せつけられ、私ども進退いたしきたり候こと、近頃外国人殺傷等の儀もたびたびこれあり候につき、守衛御手厚になし遣わされ候御趣意より、警衛諸大名人数のほか別手組も宿寺へ相詰め、厳重警固いたし候ところ、その後御固め諸家追々御免相なり、当時善福寺御固め青山峯之助壱人にて、その余は別手組一手にて守衛相心得候儀につき、すでに新規取締も仰せつけられ、人数も次第に相増し、一時は千人の人数にも及び候儀にこれあり……

（「別手組出役之儀ニ付申上候書付」国立公文書館蔵）

もともと別手組は、外国人の外出に同行してその警備を担当するだけの職務内容（「勤柄」）であった。しかし、外国人殺傷事件がたびたび発生し、警備を手厚くする必要から大名家の人員に加えて別手組も宿寺に詰めるようになった。もっとも、大名は徐々に警備を免じられ、この史料の時点では善福寺に郡上八幡藩主（岐阜県郡上市）青山幸宜（峯之助）があたっているだけで、その他の公館は別手組のみ（「一手」）で守衛をおこなっていたという。つまり慶応元年六月段階では、一〇〇〇人という大所帯となった別手組が、大名にかわって外国公館の警備をほぼ一手に担当していたのである。

さらに史料の後半部分（引用省略）では、別手組が銃隊までそなえて「江戸内の御用ならびに京坂、その外野州等の御用」をつとめるようになったことも記される。具体的には、江戸城門や伝奏屋敷の警備、将軍上洛中の江戸の見廻り、さらには元治元年（一八六四）に発生した天狗党の乱への動員、長州藩との戦争にともなう大坂・京都への出張・巡邏のことを指す。上申書に「当今の姿にては以前の勤め方とは勤柄も手広」（現在のようすは以前の勤務とは（異なり）担当業務も広い）と書かれるように、この段階の別手組はすでに外国人警備部隊という枠を大きく超えて、幕府の警察・軍隊機能の一端を担うようになっていた（岩崎信夫「幕末別手組の活動と身分」に詳しい）。さらにこの史料の翌年（慶応二年）、別手組は長州戦争の戦場にも投入されていく。幕末に幕府が経験する戦争に、別手組は欠かせない存在に成長していったのである。

第四章　世相の変容

一　攘夷熱、高まる

1　志士の攘夷思想

幕末といえば、とかく攘夷の時代として知られている。しかし、政治スローガンとしての攘夷はともかく、現実に人々が外国人にどのような思いを抱き、攘夷の考え方がどのような風潮を社会にもたらしたのか、ということは意外とよくわかっていない。

そもそも攘夷思想とは、外国の脅威から国家を防衛するという考え方が根底にある。この考え方が天皇を尊ぶ念をもって人々をまとめるという尊王の理念とあわさって、尊王攘夷という国家の統一性の強化をめざす思想が生まれた。もっとも、尊攘論の代表的著作である会沢正志斎の『新論』が、国力を充実させて海外に進出することが重要であると説くように、必ずしも狂信的に外国（人）を否定・排斥しようという主張ではない（尾藤正英「尊王攘夷思想」）。

しかし尊攘派志士のなかには、外国人が国内にいることを快く思わず、その排斥をねらうものが少なくなかった。たとえば、ヒュースケン暗殺事件の黒幕として知られる清河八郎は、「夷狄の縦横せるを患となし、必ず懲し戒めん事を志かけし……機会の到るをぞ待」っていたと記す（「潜中始末」『清河八郎遺著』）。清河のように外国人に殺意を持つ志士の存在が外国人を恐怖させた。

こと江戸においては、外国人のどのような振る舞いが志士の憤激を買ったのだろうか。外国方に勤務していた福地源一郎（桜痴）は、「尊攘党」の心中を次のように洞察している。

彼等（「尊攘党」）は常に思へらく、外国人は夷狄なり、しかるにその夷狄の使臣なるものは傲然江戸に来り、壮大なる寺院を旅館と定めてこれに止宿し、国主大名にも比適すべき供連を率ゐ、閣老（老中）と対等の地位に立ち、日本帝国の威勢をも恐れず放言横議して憚る所なし。而して幕府の閣老有司は、戦々兢々としてこれを尊敬し、剰さへ大和魂ある武士をしてそのために倣はしめんとす。無礼もまた甚しと云ふべし。我等神州のため、豈この恥辱を傍観するに忍びんやとは。これ尊攘党が当時府下に駐劄の外国公使を見るの観念にてぞありける。

（『幕府衰亡論』）

外交官が外国公館として「壮大なる」寺院を使用したこと、大大名と同様の数の幕臣を「供」として引き連れ、老中と「対等」な立場で幕府を恐れずに「放言」したこと、それに対して幕府の官僚が戦々恐々として外国公使を「尊敬」するふうに見えたことが、攘夷派志士の愛国心を刺激したという。後年の回想記という点を考慮する必要があるが、志士たちが江戸の外国人を敵視する具体的な理由を知ることができよう。

それでは、攘夷という考え、あるいは外国人に対する反感は、どのように江戸にあらわれたのだろうか。文久期（一八六一～六四）の江戸の世相を、外国人との関係から描き出してみよう。

2　攘夷の高揚

江戸における攘夷熱は、文久二年（一八六二）から翌年にかけて高揚する。

福沢諭吉は、万延元年（一八六〇）から文久元年あたりを回想して、すでにこのころ「日本国中攘夷の真盛り」ではあったが、世の中に攘夷論が流行しているだけで「自分の身について危ないことは覚えなかった」（『福翁自伝』）という。攘夷の矛先はおもに外国人だったのである。

福沢は文久元年一二月、幕府の遣欧使節に通詞として随行し江戸を発つ。ヨーロッパを歴訪して江戸に帰ったのは翌二年一二月。帰国した福沢は江戸の攘夷の風潮を次のように記す。

サア今度ヨーロッパから帰って来たその上は……（攘夷論が）段々喧しくなって、外国貿易をする商人が俄に店を片付けてしまうなどというようなことで、浪人と名づくる者が盛んに出て来て、どこに居て何をしているのかわからない。……外国の書を読んでヨーロッパの制度文物をそれこれと論ずるような者は、どうも彼輩は不埒な奴じゃ、畢竟彼奴らは虚言をついて世の中を瞞着する売国奴だ、というような評判がソロ〳〵行われて来て、ソレから浪士の鋒先が洋学者の方へ向いて来た。

（『福翁自伝』）

つまり、攘夷派浪士の攻撃対象が外国人にかかわる日本人にまでひろがってきたというのである。実際、この一年間で排外的な風潮はたしかに強まっていた。

文久二年一月一五日、老中安藤信正は坂下門外で水戸浪士らに襲われ負傷した。安藤は「対外関係の維持にもっとも好意をよせている」とオールコックに評されるように、欧米の外交官からも信頼された日本の「外務大臣」であった。しかし、志士たちは安藤を襲った理由として、「外夷取扱の儀は対馬守殿（安藤信正）弥増慇懃丁嚀を加え、何事も彼等申す如くに随（う）」（「斬奸趣意書」茨城県立歴史館蔵）、と記していた。志士からは従属的に見えるその対外姿勢も事件のひとつの要因であった。

五月二九日には東禅寺を警備していた松本藩（長野県松本市）士伊藤軍兵衛が、みずからが護衛すべきイギリスの海兵隊員を刺し、翌日自殺するという事件が発生した（第二次東禅寺事件）。六月七日、勅使・大原重徳が薩摩藩主の父・島津久光の護衛を受けて江戸に到着。一〇日に登城して将軍家茂に「国内一致して外夷掃攘（外国人追放）」すべきことを命じた。久光一行は帰国途上の八月二一日、生麦村（横浜市鶴見区）でイギリス人を殺傷（生麦事件）。福沢がヨーロッパから江戸に帰着した翌日の一二月一二日には御殿山のイギリス公使館が焼き討ちされた。

そして、文久三年こそ攘夷の年であった。五月一〇日、長州藩は下関海峡を通過するアメリカ商船を砲撃する。この日は幕府が朝廷から約束させられた攘夷決行の期日であった。朝廷は長州藩の「掃攘」行為を賞賛する。

攘夷熱がもっとも高揚したこの時期、対外折衝を担当する幕府外国方には厳しい視線があった。文久三年六月四日、外国方に書物定役としてつとめる杉浦愛蔵（譲）に、その父・杉浦蘐園は次のような手紙を書き送っている。

まず外国方掛りまで天下に憎まれ候よう相なり、容れらるべき所これなきよう相なり候てはもってのほか……必ず夷狄を親しみ候ようなる言語お出しなさらざるようお心掛けなさるべく候……掛り合いこれなき者は曲直の分別もこれなく、攘夷鎖国とのみ唱え候えば名義は正しきもののよう……人情恐き世にこれあり候と御覚悟なさるべく候。外国方にて御骨折は誠にもって椽の下の力士のように存ぜられ候。

（『杉浦譲全集』一）

父は愛蔵が「天下に憎まれ」るようになった外国方につとめていることを心配し、外国人と親しいと他人に感じさせる言動を控えるよう助言する。そして、「攘夷・鎖国」と言っていれば正しいとされる風潮を嘆き、外国方での苦労は「椽の下の力士」（縁の下の力持ち）のようなものだと息子の苦労を察している。蘐園はこの手紙の後段で、外国方から「ソロソロト御逃れのご工夫」、つまり異動をこころみたらどうかとまで書いているのである。

攘夷という熱病のような思想が、この時期の江戸の人々を覆っていたことを察することができよう。

3　外国公館焼き討ちの予告

このような風潮のもと、外国人が滞在する江戸の寺院は攘夷派志士の標的になる。二度の襲撃を受けた東禅寺の事例はよく知られているが、その他の寺院も襲来の予告に脅かされていた。

文久三年（一八六三）の師走、済海寺の僧はある脅迫文が田町に貼られていると耳にした。紙には、「済海寺が異人旅宿にならないよう焼き捨てるから、町人どもはかねてその心得で用意をしておくように」と書かれており、すでに付近の「手当ゆきとどき候者ども」（準備の早いものたち）は、近郊の縁者へ家財を預けているという。

これは容易ならざることだと僧は深く憂慮し、ある「事件」を思い出した。一一月二六日の夜七ツ時（午前四時）、本堂裏の廟所へ何ものとも知れぬものが一人忍び入り、建物内のようすをうかがっていた。「抜足の音」を聞きつけた老僧が追い散らしたところ、不審者は異人館（公使館）の屋根から庭へ飛び下りて逃げ去った。ただの金目当ての盗賊かもしれないが、あるいは何か目的（外国人に対する害意）があるのかもわからない。せんだっては市中のある寺院で前もって捨て札（予告）があり、三日ほどのちに「怪火」で焼失したという噂を僧は聞いていた。

外国人が済海寺にいるときは警備人員が配置されているが、外国人が不在でもどのようなことが起きるかわからない。そこで僧は、墓所に「不寝見張（所）」を配置するか、拍子木を打って見廻る

「時廻」を「小半廻り」（小半時（三〇分）に一度）にしていただきたい、と幕府に嘆願する（『外国書願留』一二月五日付）。

善福寺付近でも不穏な予告があった。元治元年（一八六四）六月一二日、麻布善福寺元町と上総飯野藩上屋敷との境（港区麻布十番）の板塀に「密檄」と題された紙が貼られているのが見つかった。

密檄

この近寺（善福寺）へ昨今夷狄来泊の由、不日押し寄せ征討いたすにつき、右寺近方の町家、老幼早々立ち退き申すべく、さもこれなき者は義兵を挙げ候えば、動揺いたさず家内に静居いたし候ようすべく候。町人に難義（儀）掛けまじく候。白川（河）藩固めの由、禦防（警備）の者へ内通いたすまじく、もし内通の義相聞こえ候わば、町家残らず焼き払い申すべく候あいだ、檄意相守り申すべく候。

北国之義士
澤村　権輔
組手

町役人中へ

（「甲子雑録」四『大日本維新史料稿本』）

このころ、善福寺にはアメリカ公使プラインのほか水兵五三人ほどが滞在し、白河藩阿部家と与板藩井伊家が警備にあたっていた。澤村権輔なるこの檄文の作者は、善福寺の外国人を「征討」するため「義兵」を挙げるのだという。「町人に難儀は掛けない」と義士を気どってはいるが、近隣の住民にとって迷惑このうえない話である。

攘夷が勢いを得ていたこのころ、江戸の外国公館は浪士の恰好の標的になっており、寺院の僧侶や付近の町人たちを脅かしていた。攘夷の世相は外国公館の周辺地域にこのようなかたちで顔をのぞかせていた。

4　英仏公使の江戸退去

攘夷の高揚による治安の悪化を背景に、イギリス公使オールコック、フランス公使ド・ベルクールは居を江戸から横浜に移してゆく。スイス領事リンダウによれば、文久元年（一八六一）の末ごろには英仏公使は横浜に居住し、月に一度江戸に出て外交担当官と会見する体制をとっていたという（「日本貿易に関するリンダウ使節報告書」）。

外国公使が江戸を離れたことを幕府は歓迎した。たとえばハリスは、「（ヒュースケン暗殺事件後の）外国公使館の横浜への撤退は、まさに（日本）政府の望むところである。なぜならこの撤退によって、政府はかなりの心配、責任、そして出費から逃れられるからである」（*North China Herald* 一八六一年三月一六日付）と述べているが、これは幕府側の胸のうちをなかなか正確に見抜いたものと言えるだろう。

また、次の史料は幕府瓦解後、横浜の外国公使を明治新政府がどう視ているのか、ということをアーネスト・サトウと中井弘（薩摩藩出身の外務官僚）が話し合ったものだが、幕府の外国公使への視線も同じようなものだったのではないだろうか。

外国公使たちは必要悪である。それは我慢すべきものだが、心を開くことはない。ミカドの政府にとって、外交代表たちが横浜に住んでいるのは歓迎すべきことで、いかなることについても代表の助言を聞こうという考えはさらさらない。事実、外交代表たちは大名の「留守居」のようなもの、つまり各国政府が、何か問題が起きたときにミカドの命令を受け取るために送った役人ぐらいにしかみられていない。外交代表にも責任の一部がある。横浜における心地のよい家、快適で安全なくらしは、危険がありその場しのぎの江戸ぐらしにくらべて望ましい。しかし、外交上の問題をよく知り、学ぶことができるという点では、外交代表は香港にいるほうがましであろう。

（*The Diaries of Sir Ernest Satow* 一八六八年一二月一三日付）

日本の当局者にとって、外国公使の江戸滞在は「我慢すべきもの」であり、かれらが江戸ではなく横浜にいることは望ましいことだったのである。一方、外国公使たちも安全面と生活上の便宜から江戸よりも横浜を好む傾向があったという。

いずれにせよ、江戸で最大のスタッフを擁していたイギリス、そしてフランスの外交官が江戸から横浜に移ることによって、江戸に残る外国公館はアメリカだけになった。ハリスは民間の欧米人を招くことに消極的であったことから、この時期からしばらく、江戸に外国人の影はうすくなる。

二　攘夷の沈静

1　下関戦争と外国艦隊の江戸入り

外国人（諸外国）との交際のありかたが変わる画期となったのは、元治元年（一八六四）八月五日に勃発した下関戦争である。

イギリス公使オールコックは、外国に対して強硬な態度をとる長州藩を武力で攻撃し、日本の攘夷政策を終わらせようと考えた。アメリカ・フランス・オランダの同意を得たオールコックは四ヶ国の連合艦隊を編成し、七月二四日、横浜を出航する。八月四日に下関沖に到着した艦隊は、翌五日、壇ノ浦付近の長州藩の砲台を砲撃して沈黙させたのち、兵員を上陸させて砲台を占領する。長州藩の砲台群は八日までにほぼ破壊された。

下関戦争に勝利した連合艦隊は江戸湾に帰航。しかし、オールコックら外交代表を乗せた軍艦一三隻は横浜を越えて江戸沖まで進入し、九月五日の夕方から六日の朝にかけて品川沖の台場前に碇を下ろす。その威容を福沢諭吉は、「軍艦に付き毎日の商船と違ひ碇泊も列を正し各船備を立て居り」（『改訂肥後藩国事史料』五）と観察した。戦勝の余韻を漂わせながら、一〇隻を超える外国艦隊が江戸の海上に艦列を揃えて姿をあらわした。多数の軍艦が江戸に来航するのは異例なことである。

九月六日と七日の両日、外交代表は水野忠精ら三人の老中と会談した。外国側は朝廷・幕府・諸藩の対外政策の違いを解消し、外国貿易を妨害しないよう要望する。七日には老中牧野忠恭の屋敷で外国公使たちの饗応がおこなわれた。外国側は公使や士官四〇人ほどが出席。「久しく閣老（老中）にお目にかからず、なつかしさで参上し、用事もとくにない」と老中に話しかけたというが、怖い冗談である。実際宴席では、天皇が「御得心」（条約の許容）するよう幕府から「申し諭」してほしいとの話があったと、通訳として席に加わった福沢諭吉が聞いている（同前）。

九月一九日付で発行された「日本貿易新聞」第七六号は、この江戸への凱旋について「諸国軍艦江戸の港に入たるを以て、日本政府大に恐怖の心を生し、外国より言出せる事件を一々承知し、速に貿易の障碍を除きたり」と報じた（『日本初期新聞全集』四）。外国艦隊に「恐怖」した老中たちは、ストップしていた横浜の生糸貿易を速やかに回復させたのである。

下関戦争に勝利した外国艦隊が、横浜を越えて江戸の海に来航したことは従来注目されていない。しかし外国側には、軍事力を江戸の人々と幕府に誇示するという目的があり、その後の幕府の姿勢にも大きく作用することになった。

2　鎌倉事件と条約勅許

外国人への幕府の姿勢の変化は、外国人殺傷事件への対応に象徴的にあらわれた。

元治元年（一八六四）一〇月二二日、鎌倉の鶴岡八幡宮の大門先で、横浜に駐屯するイギリス陸軍第二〇連隊の陸軍少佐ボールドウィン（George Walter Baldwin）と中尉バード（Robert Nicholas Bird）が殺害された（鎌倉事件）。イギリス公使オールコックは、「今回はうやむやにさるべきではな

図 30　清水清次の処刑 *Le Monde Illustré* 1865 年 3 月 11 日号　横浜開港資料館蔵

い」と犯人の逮捕と処罰を幕府に強硬に求めたのである。

犯人が江戸へ立ち入っているという情報が得られたため、一一月三日、犯人の探索を厳重におこなうよう指示する町触れが江戸に出された。触れには犯人の人相について「鼻筋通り、眼するどく、上方言葉、刀鞘赤く」などと事こまかに記される（『江戸町触集成』一八）。

この結果、「犯人」が捕縛された。一一月一八日に共犯者とされた蒲池源八・稲葉丑次郎が処刑され、二九日には「犯人」清水清次が、横浜の市中を引き回されたうえ、イギリス駐屯兵の前で斬首された。首は横浜の玄関口・吉田橋のかたわらに晒される。

英国将校二人を殺した犯人の一人が逮捕され、死刑が執行されました。これは大変な進歩です。開港以来一三件ありました外国人の殺人で、暗殺者が法律によって罰せられた初めての事例です。

（岡部一興編『ヘボン在日書簡全集』一八六五年一月七日付）

と宣教師のヘボン（James Curtis Hepburn）が記すように、外国人殺傷事件の「犯人」が逮捕・処罰されたことは外国人にも驚きをあたえた。

市中を引き回される清水を目撃した横浜の住人に、ヘボンのもとで英語を学んでいた林董（明治後期の外務大臣）がいた。林は、「予は疑う。幕吏は、英公使に迫られて、名も無き賊を下手人となしたるに非ずやと。そのゆえは、此清次なる者、その前神奈川在にて強盗強姦の罪を犯し、現場にて捕縛されたる破廉恥漢なり。決して愛国心より出でたる攘夷などの精神あり得べき者にあらず」（『後は昔の記』）と、のちに回想している。幕府は外国側の圧力により、攘夷思想など抱くはずもない名もなき盗賊に濡れ衣を着せ、ともかく「犯人」を処罰することを優先したのではないか。林はそう感じたのだった。

同様の見方は外国人のあいだにもささやかれていた。アメリカ商人のフランシス・ホール（Francis Hall）は、「犯人」が「鎌倉の殺人事件に何の関係もないのにもかかわらず、拷問によって外国人の暗殺を目的とする無法者の一味に所属していることを自白させられた」と日記に書いている。そして、処刑は「外国人に対して殺害をこころみるすべての者を罰しようとする」幕府の「熱望を示すショー」であり、そのショーは帰国が迫っていたオールコックに向けたものである、と感じ取っていた（*Japan Through American Eyes* 一八六四年一二月一六日（元治元年一一月一八日）付）。

真犯人がだれであれ、鎌倉事件の「犯人」が逮捕され処刑されたことは、幕府が外国人の殺傷事件に本腰を入れて対処することを日本人・外国人双方に向けて明確にした、という点で重要だった。幕府の姿勢は外国人への暴力に対する抑止力となる。

くわえて、攘夷の終息に大きい力をあたえたのは天皇の条約勅許であった。慶応元年（一八六五）一〇月五日、孝明天皇は将軍徳川家茂に対して、安政五年（一八五八）以降締結した欧米諸国との修好通商条約を「御許容」するとの勅書を発した。このころ、イギリス・フランス・オランダの連合艦隊は兵庫沖に来航しており、海軍力を背景に天皇の条約承認を求めていた。勅書を受けて七日、老中本荘宗秀らは兵庫でイギリス・フランス・アメリカ・オランダの外交団と会見、天皇の条約勅許を伝えた。

鎌倉事件の処理と条約勅許によって、外国人に対する暴力的な動きは少なくなっていった。たとえばアーネスト・サトウは、「外国人に対する危害は、バードとボールドウィンの殺害者処刑や天皇の条約批准があって以来、大いに少なくなっていたので、われわれは気楽に周囲の地方へ遠出をはじめた」（『一外交官の見た明治維新』）と回想している。また、イギリス人医師ウィリアム・ウィリス（William Willis）も「日本側から外国人追放の声は聞こえなくなりましたし、われわれとの関係にも大きな変化が訪れようとしています」（一八六四年一〇月三一日付）、「以前に比べれば、全体としてわれわれの安全ははるかに保証されるようになったと私は思う」（一一月三〇日付）と手紙に記している（大山瑞代訳『幕末維新を駈け抜けた英国人医師』）。

外国人も攘夷的な行動の沈静化と治安の改善を肌で感じており、このことが江戸に外国人が戻ってくる背景となる。幕末期の世相は攘夷の一言で説明されがちだが、元治元年以降については必ずしもあてはまるものではないだろう。

3　高輪接遇所

治安の改善をうけて、欧米の外交官は江戸への復帰をはかり、外国公館の施設的増強を検討していく。

慶応元年（一八六五）二月一一日、イギリスの代理公使チャールズ・ウィンチェスター（Charles

Alexander Winchester）は、赤穂義士の墓所で知られる泉岳寺（港区高輪）を公使館として使用したいと幕府に求めた。ウィンチェスターから老中にあてた書簡（二月一四日付）には、外国公館が江戸から離れた場所（横浜）にあることの不都合が記されている（「高輪泉岳寺ニ於テ英国仮公使館造営一件」東京大学史料編纂所蔵）。このころ、東禅寺は長く使用されていなかったこともあって荒れ果てており、イギリスの外交官は江戸では他国の公館を利用していた。

閏五月一六日、横浜に新公使ハリー・パークス（Harry Smith Parkes）が着任した。辣腕で知られるこの公使も、イギリスの拠点を江戸に確保することを強く望む。横浜には外国奉行が来訪して外国側と折衝をおこなうことはあるが、老中が来ることはない。パークスは外務大臣にあたる外国掛老中との関係を重視しており（萩原延壽『遠い崖』三）、江戸に復帰することをもくろんでいた。

六月一三日、パークスは老中水野忠精と会談、泉岳寺前の町家が建ち並ぶ区域を公使館用地として希望した。幕府は、建築する建物をイギリスに仮公使館として貸し渡すものの、後に接遇所としてみずからも使用するというかたちにして、工事を開始する。

高輪接遇所は泉岳寺中門の門前に位置し、現在の港区立泉岳寺前児童遊園を含む高輪二丁目一五番の西北の一帯にあたる。その構成を絵図（図31）から見てみよう。接遇所（公使館）の建物は平屋建ての二棟。接遇所と東海道に挟まれた芝車町・如来寺の元町家の部分（八一七坪余）に厩と幕府外国

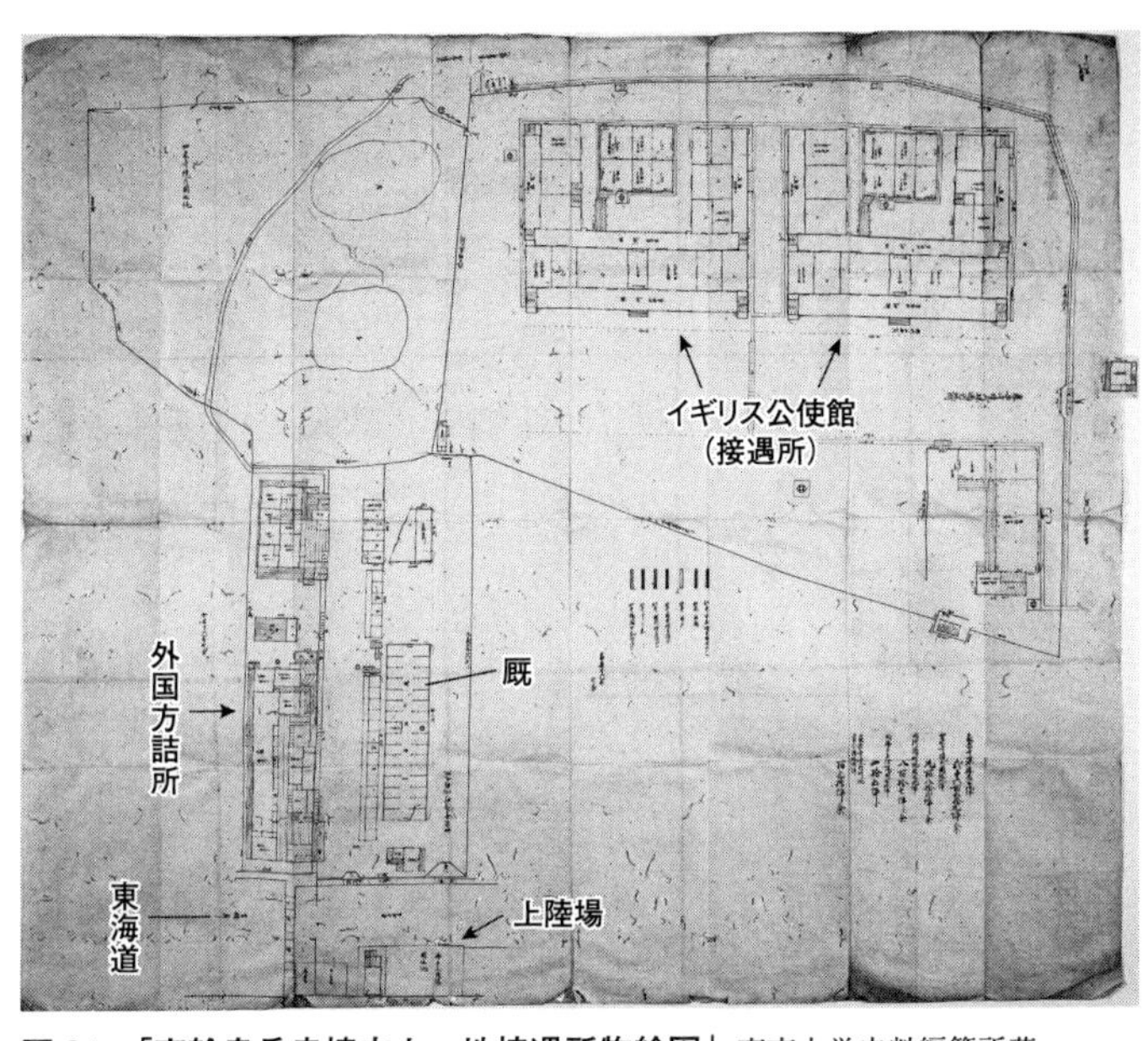

図31　「高輪泉岳寺境内上ヶ地接遇所惣絵図」東京大学史料編纂所蔵（外務省引継書類）

方の詰所がある。海岸には上陸場がつくられ、別手組の詰所も設けられていた。接遇所とその附属施設の総坪数は四九九三坪余である。

高輪接遇所は慶応二年三月に一応の落成をみた。五月一日、ウィリアム・ウィリスは「私たちは遂に快適な家に住むことができるようになりました。遂に仮の英国公使館に入居したのです。私たち全員を収容して十分余裕のある住まいです。この点で寺院とは非常に違います」（『幕末維新を駈け抜けた英国人医師』一八六六年六月一三日付）と兄に書き送っている。従来の寺院の仮住まいとは異なり、敷地も建物

図 32　高輪接遇所「イギリス横浜駐屯軍士官幕末写真帳」横浜開港資料館蔵

も外国公館専用の、本格的な公使館が江戸に誕生したのである（パークスが公使館を移転するのは慶応二年九月から一〇月にかけて）。

ところで、高輪接遇所を撮影した貴重な古写真が残っている（図32）。寄棟の屋根の下部を切り落としたようなスタイルはジャーキン・ヘッド（Jerkin head）と呼ばれる西洋の建築手法だが、縁側・障子など日本の建具もそなえられているのが見え、奇妙な和洋折衷の建物となっている（東北工業大学准教授中村琢巳氏の教示による）。イギリス側はもともと西洋建築を希望していたが、幕府は長州戦争による財政難を理由に、日本の在来工法で普請をおこなうとイギリス側に通告している（『続通信全覧』「高輪接遇所英国仮公使館一件」）。しかし実際は和洋折衷の手法で建築がなされたようであり、江戸東京における西洋風の建造物の嚆矢としても興味深い。

三　江戸の風俗の洋風化

1　定期航路の開設

一九世紀なかば、ヨーロッパ諸国は蒸気船の技術革新を背景にヨーロッパとアジアを結ぶ海上交通網を張りめぐらせつつあった。一八五九年に日本の都市が外国貿易のために開かれると、欧米の海運会社は日本へもその網の目を伸ばしてくる。

一八六四年、P&O社による上海―横浜の定期航路（月二回）が設置された。翌一八六五年九月にはフランス郵船によって上海―横浜間に定期航路（月一回）が開かれ、さらに一八六七年一月一日（慶応二年一一月二六日）には太平洋郵船がサンフランシスコ―横浜―香港線を開設した。世界を周回する海上ルートが完成したのである（小風秀雅『帝国主義下の日本海運』）。

定期航路の開設とともに横浜に入港する船舶は増加する。一八六二年には四万二五九五トンだった外国船入港トン数は、一八六四年に七万五四六〇トン、一八六五年はほぼ横ばいだが、一八六六年九万九七八四トン、一八六七年一七万四八三七トン、一八六八年には二九万九八七〇トンと急激な伸びを見せた（『横浜市史』二）。世界周回ルートの結節点となった横浜には、貿易商人のほかいわゆる「世界漫遊家」（"globe-trotter"）の姿も見られるようになっていた。

慶応二年（一八六六）一〇月五日、前将軍徳川家茂の妻・和宮は老女を幕政担当者（「表」）に遣わし、近来外国人が「ますますさかんに」丸の内まで往来することは「嘆かわしい」と伝えた（「庭田嗣子日記」『大日本維新史料稿本』）。江戸の中心部にまで外国人の姿がしばしば見られるようになったのである。

外国航路の設置による訪日外国人の増加というグローバルな状況と、江戸・横浜における治安の改善という国内の社会情勢の変化があいまって、江戸には外国人の姿が増えつつあった。このことは江戸にさまざまな影響をおよぼすことになる。

2　江戸の馬車

馬車といえば、文明開化を象徴する乗り物として明治の東京の錦絵にしばしば描かれる。ところが意外なことに、明治維新を迎える前の慶応期（一八六五～六八）、江戸にはすでに馬車の姿が見受け

図 33　「東京市中馬車往来之図」（部分）歌川広重（3 代）画　国立歴史民俗博物館蔵　所蔵館では年代を慶応元年（1865）7 月と比定するが、明治後の作品か。

られるようになっていた。外国人が横浜から江戸を馬車でしばしば訪れたからである。そして、馬車の登場は都市にその改変を迫る。

横浜では江戸に先んじて馬車が運行されていた。慶応元年（一八六五）一一月二五日、若年寄立花種恭（たねゆき）は江戸から横浜のフランス公使のもとに外交交渉のため赴く。公使と対談中、イギリス公使パークスからイギリス公使館にも立ち寄ってほしいとの連絡があり、立花は公使館まで馬車に乗った。「仏公使方より馬車にて我等を送る。松平伯耆守（宗秀、老中）・吾……いずれも同車なり。この時はじめて馬車に乗る（我国に未だ見かけず）」（『立花種恭公の老中日記』）。

翌二六日、立花種恭は三時に横浜を出発、「英公使より馬車にて護衛のため同国騎兵六騎添らる。六郷（多摩川）まで送る。松平伯耆守・吾……同車」した。ロンドンの新聞には、ジョン・マクドナルド（John Macdonald）なる男が老中を馬車に乗せて川崎に送った記事が掲載され、「（このときが）日本の名高い役人たちがヨーロッパの四輪馬車に乗ったはじめてのことであり、かれらはひじょうに喜んだ」（*Illustrated London News* 一八六六年四月七日付）と報じられている。このころ、少なくとも多摩川までは馬車が走るようになっており、幕府の高官も馬車を初体験したのである。

慶応二年三月ころには、江戸市中で馬車を見るようになった。外国人は「双馬」（二頭の馬）に牽かせた馬車に「雌雄」（男女）で乗り、前後を幕府の武士に守られて「都下を横行」しているという

（「反正紀略」二一、東京大学史料編纂所蔵、佐藤誠朗『幕末維新の民衆世界』）。

慶応二年八月五日、オランダの総領事ファン・ポルスブルックは、外国掛老中に次の書簡を送った。

東海道と私の公使館（長応寺、正しくは総領事館）とのあいだに道普請をして、馬車に乗って私の住居の門まで来ることができるよう、たびたび外国奉行へ話し、また閣下へも懇願している。……私の公使館のそばから東海道まで小山（坂道）がある。この山は日本では伊皿子坂というが、往来に石があり、段があり、深い穴があって馬車に乗ってここを通行するのはたいへん危うく、通行するのが難しいほどである。この道普請が望ましいことはフランス公使もたびたび私に話しているから、馬車に乗って往来できるようになれば、フランス公使も私と同様に満足するだろう。……フランス公使館の前にある済海寺の坂（聖坂）を普請したのと同様に伊皿子坂も普請していただきたい。

（『続通信全覧』編年之部二六九　蘭国往復書翰）

伊皿子坂（港区三田・高輪の境）は高輪の丘陵上の二本榎通りと海際の東海道をつなぐ坂である。

幕府側の記録でも「高低不陸（平らでない）の地」とあり、馬車はもちろん歩行も困難なほど道が悪いという。ファン・ポルスブルックの要求に対し、一〇月一一日、老中井上正直らは道路工事に取りかかることを約束した（同前二七三）。

馬車通行のための道路整備といえば、明治初期の「三厘道」が知られている。これは東京府知事大木喬任が明治四年（一八七一）四月に決定したもので、外国人の馬車通行のため、高輪から日本橋を経て筋違橋にいたる道（東海道）を中心に、歩道と車道を分離して整備する計画である（藤森照信『明治の東京計画』）。伊皿子坂の道路工事はむろん、三厘道のような大規模かつ計画的なものではない。しかし、こういった近代都市のインフラ整備のはしりともいうべき事業が、明治を迎える前から存在していたことは興味深い。

疾走する馬車の音は江戸っ子を驚かせた。市ヶ谷の川路聖謨は、「異人館所々に建つゆえ、その運送なりと云い門前などまで車日々なり。……馬車に乗り候異人、屢門前をも通り候。並の車よりも、音よほどかまびすし」（『東洋金鴻』慶応三年七月二〇日）と日記に書いた。新たな西洋の文物の到来を、人々は耳からも感じていたのである。

3　日本人の洋装

慶応二年（一八六六）一一月三日、幕府は旗本たちの服装に関して次のような命令を出した。

> このたび御旗本の面々すべて銃隊に御編制相なり候につき、戎服（軍服）の儀も向後筒袖羽織・陣股引と御定め相なり候あいだその意を得らるべく候。ついては出火の節、登城着服の儀も、来卯（慶応三年）正月より右戎服着用いたすべく候。
>
> （『続徳川実紀』五）

この年、長州藩との戦争に敗れた幕府は軍制の改革を急ぎ、旗本をすべて西洋式の銃隊に編制しようとする。銃隊は軽快に運動できる西洋の服装を必要とした。筒袖羽織とは袂のない筒型の袖がついた羽織で、羽織というよりもジャケットである。陣股引はダンブクロとも呼ばれるがズボンのこと。幕府はこういった西洋の服装を、軍事訓練のみならず火事や登城の際にも着用することを旗本に命じた。洋装化は軍事の近代化に対応してはじまる。

この通達を聞いた福沢諭吉は、「両三日前、文武士官筒袖・股引苦しからざる旨仰せ出され候。足下お帰りのころは日本も全く一面目を改め、大小（刀）・平袖（袖の下を縫い合わせない袖）など見

図34 「〔調練大隊之図〕」歌川芳藤画　慶応3年（1867）1月　東京都立中央図書館特別文庫室蔵

たく（と）もこれあるまじく」とイギリスに留学中の中津藩士福沢英之助にあてて手紙を書いている（『福澤諭吉書簡集』一、慶応二年一一月七日付）。福沢は洋風化が急速に進むことを予想していたのである。

洋服を着るとなれば髷（まげ）が邪魔になる。そこで髷を切るものもあらわれた。益田孝（鈍翁）が、横浜の太田陣屋（京浜急行日ノ出町駅付近）でフランス陸軍の伝習を受けていたとき（慶応三年ころ）のことである。

ある時矢野（二郎）と二人が、髷を付けているのは面白くない、洋服を着たり馬に乗ったりするのにも厄介だというて、髷を切ってしまって、やかましく小言を言われた。まことに申訳がござりません、実は馬の手入れをします時に、ちょっと倒れて足で踏まれたので取れました、決して自分で切ったのではありませんと言うた。いく日かの禁足で済んだ。それからとうとう散切りになってしまった。

（『自叙益田孝翁伝』）

嘉永元年（一八四八）生まれの益田はこのとき二〇歳そこそこである。益田のような若い侍こそ、みずから望んで髷を切った。「ザンギリ頭」の若い侍が、断髪令（明治四年）を待たず、すでに江戸・横浜に見られるようになっていた。

日本人の風俗の洋風化については外国人の証言もある。たとえば、宣教師のブラウンは一八六六年の報告に次のように書き記している。

特に、日本の上流階級の間では、洋装が流行しだしたことをあげておきましょう。外国製のズボンをはくことが、少し前から始まり、今では、ワラジなどつけずに、ゲートルや乗馬用の長靴などをはき、りっぱな洋装をするようになってきました。江戸では、舶来の制服を着て、太鼓の音楽隊に合わせて、毎日、調練する軍隊さえ見られるようになりました。新しい大君自身が、洋服を着るようになったそうです。……こうした変化と改善の傾向について、この地区のどの階層の日本人も、一般に歓迎しています。彼らのことばを用いると、「日本は、まもなく開けてきます」。

（『S・R・ブラウン書簡集』一八六六年一一月三一日付）

ヘボンも書簡のなかで、「この階級（上流階級、武士階級）は従来の日本服を捨てて、洋服を着用するようになりました。昔風の服装をした人々に出会うことは例外です。同様の変化は日常生活の上にも及んでおります」（『ヘボン在日書簡全集』一八六八年三月六日付）と記し、武士たちが洋服を着用し、日常生活にも洋風化がおよんできたことを指摘している。

最幕末期の洋風化がこれまでさほど知られることがなかったのは、政治体制や社会のありようが明治新政府により大きく刷新された（「御一新」）というイメージがあるからだろう。しかし史料を丹念に見てみると、江戸の風俗の変容は明治を迎える前からはじまっていたことがわかる。

4　洋風化への反発

風俗の洋風化について、「どの階層の日本人も、一般に歓迎しています」とブラウンは記すが、実際には反発も少なからずあった。

慶応二年（一八六六）五月八日、老中松平康直は、海軍奉行・陸軍奉行・軍艦奉行など軍事を司る奉行たちに、以下の通達を発した。

海陸軍伝習御開き相なり候については、業前（わざまえ）研究の儀は格別相励み、速やかに御用立ち候よう心懸くべきはもちろんに候えども、もし心得違いにて平常の衣服等まで彼の風習に押し移り候ようの儀これあり候ては御国体にも拘り、もってのほかのことに候、一体洋学の儀は彼の長する所を採用候儀にて、平常の挙動まで彼に倣（なら）ひ候ようの儀は決してこれあるまじきことに候……

（「福田重固手控「陸軍局御用留」」）

海軍・陸軍の西洋化について、「業前」（技量）を学んで幕府の公用に役立てるように心がけるのは当然だが、日常の衣服にまで外国の「風習」が「押し移」るようなことは国の体面にかかわる、と老中は言う。そして、そもそも洋学を学ぶということは、外国の長所を採るのが目的であって、日常の風俗や生活まで外国に「倣」う（まねをする）ようなことはけっしてあってはならない、と強く令した。

町人にも洋装を不快に思うものがあった。本石町二丁目（中央区日本橋室町）の菓子商・金澤三右衛門（丹後）は、「当今西洋流小銃隊調練追々流行にて、日々市中を行列いたし、異様の服を着（て）歩行、ほとんど外戎に斉（等）しく、見苦しきことにこれあり候」（『金澤丹後文書』一、慶応二年一〇月二九日付）と、西洋流調練の際に着用する洋服とその行進のありさまが外国人と同じようで見苦しい、と書き記している。

髷を落とすことにも批判的な眼があった。六八歳の川路聖謨は、孫の戸田謹吾が薙髪（髻を切ること）したという連絡を受け、「大いに憤り、且つ哀しめり」。川路は謹吾が髷を切ろうとしていることに気づき、そうしないよう諭していた。それなのに、「風俗までを変ずるとは人倫に背けり。かつ大切の日本に背くなり。よりて、近くは日光、遠くは伊勢の御神に、恐れ入りて逢う事は我ならぬなり」とまで書いている。そして、謹吾の言い分によっては「勘当いたす積り」「歎息、歎息」と記した（『東洋金鴻』慶応四年一月六日）。

川路はロシアとの外交交渉にあたるなど海外の事情にあかるい元外務官僚であり、この時期は孫の川路太郎をイギリスに留学させている。そのような川路であっても、武士が髷を落として外国人のような姿になることは、「人倫に背く」と感じるほどに許しがたいことであった。高齢の武士であれば、川路同様、髷を落とすことに強い不快感を持っていたものは少なくなかったであろう。

江戸の洋風化、ことに外国人の風俗を日本人がまねることには反発もあったのである。

四　開かれる江戸

1　慶応三年の花見

慶応三年（一八六七）二月二五日から二六日にかけて、上野の山は花盛りとなった。新暦では三月三〇日と三一日にあたる。

現在の上野公園一帯は江戸時代には東叡山寛永寺の境内（「山内」）で、江戸きっての花見の名所であった。山内では飲酒が禁止されたため、「花の中、かの酔客の婦女に戯れるの恐れなき」ことが、女性や老人の人気を集めた（『絵本江戸風俗往来』）。

しかしこの年、山内への入口の黒門（現西郷隆盛像の階段下）は閉め切られていた。花見客はその脇の潜り門でひとりひとり確認を受けてからでないと山内に入ることができない。黒門前に住む湯屋・塚谷佐兵衛は、「外国人たちがかねて上野の桜を見たいと願い出ているのだが、寛永寺の御門主

図 35　「名所江戸百景　上野清水堂不忍池」歌川広重画　安政 3 年（1856）4 月　東京都立中央図書館特別文庫室蔵

がこれを拒否しており、強いて押し通るものを止めるために門を「堅固ニ〆切」っている」と聞いた。さらに、武士は「何れも洋服を着しざんきり髪」のものが多いため、「彼我（外国人と日本人）の差別（区別）速に弁し難」く、目玉の色が黄色かどうか、ということで日本人と外国人を見分けているという。けっきょく二七日には、外国人の制止が行き届かない、という理由で花見客は門内に入ることを禁じられてしまった（「反正紀略」三二）。

川路聖謨の妻おさとも二七日、仏参りの帰りに花盛りの上野を見ようと谷中門から入ろうとしたが、通り抜けはならぬと差し止められた。池之端で茶を飲みながら店の「婆」に事情を聴くと、「異国人（が）日本人の姿になり御山内を通り候ゆえ、むずかしくなり候」という（『東洋金鴻』）。

江戸の雑踏のなかで、洋装している日本人と江戸に増えつつあった外国人とが、見分けがつかないぐらい入り混じっていたのである。

2　遊興施設への立ち入り許可

慶応二年（一八六六）七月二〇日、長州藩との戦争のため大坂城にあった一四代将軍家茂が病没した。ほぼ同時期に幕府は戦いに敗れる。一二月五日、将軍宣下式が京都でおこなわれ、徳川慶喜が第一五代の将軍となった。最後の将軍である。

慶応三年三月二五日、大坂城で徳川慶喜はイギリス公使パークスと非公式に会見（内謁見）する。翌日オランダ総領事ファン・ポルスブルックと、二七日にはフランス公使ロッシュ（Michel Jules Marie Léon Roches）と、それぞれ内謁見をおこなった。そして二八日、慶喜は大坂城でこの三ヶ国代表と公式に会見し、兵庫開港を約束した。幕府の勢威が凋落していると見られているなか、新将軍慶喜は外交をおこなう権力がみずからにあることを示したのである。欧米との交際を重視する慶喜の姿勢は江戸の町にも波及していく。

五月一日、老中井上正直・外国惣奉行平山敬忠はパークスを高輪接遇所に訪った（「奥右筆手留」『大日本維新史料稿本』）。従来、江戸では老中の役宅を外国公使が訪れるのが通例であった。四月二五日に大坂から江戸に戻ったパークスは、外国の外交官と幕府の役人との自由な交際を奨励する慶喜の方針を耳にしたというから、これは慶喜の指示による訪問らしい（萩原延壽『遠い崖』五）。

そして、慶応三年（一八六七）五月一二日、外国人にかかわる次の触れが江戸の町に発令された。

外国人、御府内・近郊等出行のみぎり、芝居・料理茶屋そのほか人集りいたし候場所へ立ち入り候義、御差し許し相なり候につき、（外国人が）罷り越し候らわば相当の価（代金）請け取り見物いたさせ、又は酒食差し出し候義苦しからず候あいだ、不都合の義これなきよういたすべく候……

（『江戸町触集成』一八）

この触れで幕府は、江戸とその近郊の遊興・飲食施設に外国人が立ち入ることを認めた。つまり、外交官以外の外国人が江戸に入ることについても、幕府はそれが許されているということを江戸の人々に初めて公式に明示したのである。

五月一二日の法令をうけて、外国人の応接に関する具体的な指示が江戸の町に出されている。たとえば五月二七日には、「もし芝居（小屋）・料理茶屋などに（外国人が）やってきたら、どこの国の異人が何人やってきたか、酒食でいくら遣ったか、町奉行の三廻りの筆頭に翌朝までに届けるように」との通達が出された（『江戸町触集成』一八）。三廻りとは、江戸市中の警備・監察を担当した町奉行所の担当部署（定廻り・臨時廻り・隠密廻り）のことである。

六月六日、外国奉行は町奉行へ、外国人が猿若町へ芝居見物に来た場合の混乱を警戒し、町奉行の配下からも警備人員を出すことを要請する。

> 外国人の猿若町の芝居見物などがご許可となったので、多人数（の外国人）や（外国人の）婦人が行くであろう。とくにはじめてのことであるので、混雑する可能性もある。人々がことに馴れ、（外国人と）折り合いがつくまで、宿寺詰めの（外国方）配下より連絡がありしだい、取り締まりのため町奉行所の配下を派遣していただきたい。また、付き添い人の休息所がないと差し支えがあるので、猿若町内に休息所の準備をしていただきたい。
>
> （「風聞記」『大日本維新史料稿本』慶応三年五月一二日条）

ところが町奉行は、「町奉行所には外国人御用を取り扱う常設の係がないので、当日に連絡をもらってから人数を出すことは差し支えがある」と、前日まで連絡することを求めた（同前）。外国人の外出は突然だから、前日までに通知することは難しい。町奉行は外国奉行に協力することを渋ったのである。

3　外国人と吉原

吉原遊廓に外国人が立ち寄ることも懸念されていた。五月二五日、外国奉行は町奉行に、外国人が吉原を訪れた際の対応について連絡した。

外国人が市中を散歩する途次、吉原へ入りたいという希望があった場合、今回のご命令の趣旨もあるので拒否するわけにはいかない。売屋へも入りたいと言ったときには、付き添いの者（別手組）からよくよく説諭はさせるけれど、酒・肴と酌取女は差し出すよう、吉原遊廓にあらかじめ命令を出してほしい。もしそうしなければ、言葉が通じないためどのような「差縺れ（さしもつれ）」（トラブル）が発生するかわからない。外国公使たちが取り扱う案件となったら外交交渉の席でどんな苦情を言ってくるかわからず、今回の「外国人御接待振御変革の筋」からも外れて不都合である。

（『風聞記』）

これに対して、町奉行はその日じゅうに返事を書いた。町奉行所では、外国人が吉原にやってきた場合「決して廓内へ立ち入らざるよう取り計」うことを万延元年（一八六〇）に吉原へ命じている（前述）。町奉行の「手限」（自分の権限）で外国奉行が望むような指示を出すわけにはいかず、この件は老中へ指示をあおぐ必要がある。町奉行はそう回答した（同前）。外国奉行の要請に水を差すような言いっぷりである。このような外国奉行と町奉行の連携の悪さは、外国人を江戸に迎えるうえでひとつのネックともなる。

両部局の対応が定まっていなかったこのころ、すでに吉原に外国人が姿をあらわしていた。そして、その際の遊女たちの振る舞いが町の噂になる。

新吉原へ異人ども遊興に参り候ところ、酒の相手に出ず、是非出候（いで）よう遊女へ主人より申し聞け候ところ、異人に出候証文はいたし申さずと、遊女一同申し中々承知いたさず、達して出候よう申し聞け候えば、遊女一同暇を願い異人へは出申さず候由……

（『藤岡屋日記』一五、慶応三年五月二一日）

遊女たちは、外国人の相手をする約束はかわしていないと酒席に出ることを承知せず、遊女屋の主人の強い説得を受けてもなお、仕事を辞めるとまで言って断固拒否しているという。

同様の話を、川路聖謨も弟の旗本井上清直から聞いた。遊女たちは「たとえ死罪になるとも外国人には出ずと、遊女ども日本魂を一同に申し張」っており、遊女屋たちは、「別に吉原にて異人の参る場所を仕立て、そのつもり（を遊女に）申し聞かせ候て、遊女を抱え置きたき旨」を町奉行に願い出ていた（『東洋金鴻』慶応三年六月一八日）。遊女の強硬な反対にあった吉原では、外国人専用の遊興施設を別途造成することを計画していたのである。井上清直はこの時期江戸の町奉行をつとめていたから、この情報は信憑性が高い。

外国人の吉原遊興は関係者を悩ませる問題だった。

4　江戸の名所の外国人

外国人の来訪を、庶民はどう受け止めたのだろうか。

六月二五日の夕方七ツ時（午後四時）ころ、上野不忍池の弁天境内にある水茶屋（湯茶を供した簡易休憩所）三河屋なか方へ、フランス人一二人が馬と馬車でやってきた。うち二人は女性で、幕府役人も二〇人ほど付き添っている。フランス人は不忍池の鯉に焼麩を投げ、酒のかわりに砂糖水を飲み、桃や真桑瓜を食べただけで帰った。しかし、代金として置いていったのは一両一分（約一二万円）という。高額な代価である。

この話を聞いた「江戸の情報屋」藤岡屋由蔵は、「異人、差添（別手組）大勢押込れ、水茶屋迷惑の処、過分の茶代出シければ」と記したあと、

外国ハ池なからふ（いけなかろう）と思ひしに
これじやふらんす（フランス）事ハなるまい
（『藤岡屋日記』一五）

と狂歌を詠んだ。歓迎したくはないが、大金を置いていく外国人客を袖にする（振る）のは難しい、といったところだろうか。

このころ、「江戸も名ある茶屋・小屋はもちろん、吉原・猿若町へも専ら異人を客に取り候ように（との）御沙汰」が出たとあり、五月の触れよりも踏みこんだ指示が遊興施設になされたようである。そして、「江戸表神社仏閣へ、浅草・神明（現芝大神宮）をはじめ、有名の土地は大かた異人参らざる所はこれなき由」と、江戸の観光名所であればどこでも、外国人の姿が見られるようになっていた。

しかし、「上野ばかりは御門主様ご許容これなきにつき、いまだ（外国人）不参」と、あいかわら

ず上野の山内に外国人は立ち入れなかった。また、「茶屋なども段々お断り申し上げ候由、吉原もお断りいたし候由の風聞」(「慶応丁卯筆記」慶応三年六月条『大日本維新史料稿本』)と、幕府の命令にもかかわらず、外国人の立ち入りを断るところがあった。

幕府の後押しもあり、外国人は江戸の観光名所や遊興施設に姿をあらわすようになったが、それを歓迎しない江戸の人もいたのである。

5 江戸の開市準備

幕府が外国人を江戸に受け入れることになった背景には、江戸の開市が近づいているという事情もあった。開市とは、商業取引のために都市の一定の区域(開市場)を外国人に開くことである。ただし開港場とは異なり、外国人が永続的に住むことや、外国の貿易船が入港することはできない。

安政五年(一八五八)の修好通商条約によって、江戸は一八六二年一月一日(文久元年一二月二日)に開市することが約束された。しかし、開港後まもなく攘夷論が沸騰し、都市を外国に開くことが困難になる。幕府は条約を結んだ国に、江戸・大坂の開市と新潟・兵庫の開港の延期を交渉。一八六二年六月六日(文久二年五月九日)のロンドン覚書により、四都市の開市開港は一八六三年一月一日から五年間の延期が認められた。その期日である一八六八年一月一日(慶応三年一二月七日)が江戸に迫っていた。開市場の設置予定地は築地である。

慶応三年（一八六七）五月七日、町奉行井上清直、外国奉行朝比奈昌広・柴田剛中が江戸外国人居留地取調掛に任命された（ただし、一九日に柴田にかわり外国奉行江連堯則が任じられる）。外国人が都市に集住するというこの問題には、町奉行・外国奉行が連携してあたる必要があった。

この後、外国惣奉行並に昇進した朝比奈昌広は、七月四日に町奉行並の兼務を命じられる。この人事には「外国惣奉行並朝比奈甲斐守、町取り払いの義仰せつけられ候ところ、外国奉行にては町家にて承知いたさず」（『藤岡屋日記』一五）という裏事情があった。外国奉行が町家の撤去をおこなうことに地元町人は抵抗する。また、これまで見てきたように町奉行の協力も得にくかったであろう。そこで、外国奉行が町奉行を兼ねるという異例の人事が発令されたのである。

六月七日、幕府はきたる一二月七日より、「貿易のため」江戸に外国人が「居留」すると触れ出した。同時に大坂の開市、兵庫の開港も報知される（『江戸町触集成』一八）。菓子商の金澤丹後は翌八日の日記に、「十二月七日より兵庫開港の事、江戸・大坂市中へも貿易のため外国人在留いたし候お触れこれあり。誠に当今の形勢時節とは申しながら前代未聞の珍事なり」（『金澤丹後文書』一）とその感想を記している。

このように、江戸は商業都市としても外国人に開かれようとしており、幕臣もその準備に追われていた。大政奉還のわずか数ヶ月前の情景である。

6 戊辰の東京と外国人

慶応三年（一八六七）一〇月一四日、最後の将軍徳川慶喜は京都で政権を朝廷に返した（大政奉還）。江戸とその周辺の治安は乱れ、一一月以降外国人をターゲットにした民衆による暴行事件も発生する。

慶応四年（明治元年）一月三・四日、鳥羽・伏見の戦いで旧幕府軍は敗北。新政府は東征軍を組織して、江戸へ向けて兵を進める。江戸は戦火に包まれるかに見えたが、西郷隆盛と勝海舟の会談によって江戸総攻撃は回避され、四月一一日、江戸城は平和裡に新政府軍に引き渡された。

戦争の危険が高まった江戸からは多くの外国人が退去し、築地の開市も延期された。しかし、新政府が江戸を掌握し治安が安定してくると、外国人の姿がふたたび見られるようになる。六月二八日、開市前ながら築地ホテル館が部分的に開業すると、外国人が築地を訪れ、その散歩の際は安全をはかるよう江戸の町に注意があった。そして、七月一七日、江戸は東京と改められる。

東北の戊辰戦争がひと段落した一〇月四日、外国官副知事東久世通禧（ひがしくぜみちとみ）は各国公使にあてて、延期されていた東京開市は近く決定すると通知した。一〇月一三日、明治天皇が東京に到着した。その鳳（ほう）

輦は外国人も観覧する。高輪接遇所の前で見物していたアーネスト・サトウは、「ミカドの奇妙な駕籠――鳳輦――が通り過ぎるとき、静寂が群衆を包んだ」（*The Diaries of Sir Ernest Satow*）と記した。江戸時代、江戸に入ることのなかった天皇と外国人が、初めて東京で交錯した瞬間であった。

政情がおおよそ安定したことから、明治元年一一月一九日（一八六九年一月一日）、東京・築地が開市された。東京は政治外交面だけではなく、商業面でも外国と恒常的に関係を持つことが可能になったのである。明治五年（一八七二）に鉄道の停車場が置かれた新橋、同じ年に煉瓦街の建造がはじまった銀座とあわせ、現在の中央区南部のこの一帯は文明開化の中心地となり、さらには外国人を受け入れる新たな東京の窓口ともなった。

三田・高輪の寺院に置かれた公使館は明治後、宮城（皇居）の近くに恒久的な公使館を建築して移転していく。善福寺のアメリカ公使館は明治七年に築地に移り、イギリスは同年末、半蔵門外に新たな公使館を竣工させる。済海寺にあったフランス公使館も明治一〇年に永田町に転居していった。

東京と外国人の華やかにも見える新たな交際がはじまり、この都市はさらにそのかたちを変えていくことになる。

まとめにかえて——江戸はいかに外国人を受け入れたのか

本書では、幕末の江戸が外国人によって受けた影響、そして都市江戸がとった対応について、時代を追いつつも異なる四つの視角から紹介してきた。あらためてまとめておきたい。

まず、安政四年（一八五七）のハリスの江戸入りから外交代表の江戸着任まで、幕府がどのように外国使節を江戸に受け入れていったのか、という問題をおもに外交交渉から検討した。このときにかたちづくられた体制は、現在にいたる東京と外国人の関係の出発点と言えるのだが、その受け入れのいきさつについては意外と知られていない。ここでは近世の対外関係のありかたも視野に入れながら考えた。

第二章では、都市江戸における外国人の影響を探った。横浜開港後、外国人が現実に江戸にやってくる。江戸の人々はかれらとどのような関係を持ったのか。そして、外国人の存在は江戸という都市にどのような波紋をもたらしたのか。庶民の姿も描き出しながらこの問題を考えた。幕末の江戸を外国人の存在を意識しながら見つめてみると、変化を余儀なくされる都市の相貌が浮かびあがってくる。

第三章では、江戸における外国人の警備について紹介した。研究のうえではさほど重要視されていないトピックだが、外国人の数にくらべてその警備は意外なほど多くの人員を要し、影響は広範囲にわたった。少なからぬ大名に警備が命じられ、幕府の軍事組織も再編を迫られる。のみならず、外国人の警備という事柄の本質が武士たちにジレンマをあたえた。この章では警備の実態とその影響を追った。

最後に、外国人の来訪によって生じた江戸の世相と風俗の変化を検討した。幕末を突き動かした攘夷という考え方に関連して、江戸ではどのような動きがあったのか。そしてその収束後、江戸の風俗は明治を前にして早くも洋風化の兆しを見せはじめる。ここでは、世相史（あるいは風俗史・生活史）という観点から、江戸社会の変容を考えた。

こうしてみると、外国人は幕末江戸のさまざまな局面に多大な影響をおよぼしつづけてきたことがわかる。そして江戸は、ハリスの江戸入りから幕末期を通じて外国人を江戸に受け入れる態勢を少しずつかたちづくってきた、と言うこともできると思う。むろん、それは一筋縄にはいかなかった。さまざまな影響があり、反対する人も少なからずいた。その対応はとまどいに満ちており、現在のわたしたちからみると、正しいと言いかねる部分もあるだろう。しかし、数多くの軋轢や困難を乗り越えて、江戸という都市とそこに住む人々は、外国人をそのなかに受け入れることになった。このような産みの苦しみを知ることによって、わたしたちは今、外国人とともにどのように生きていくのか、という問題をより深く考えることができるのではないだろうか。

参考文献

史料

⦿刊行史料

「天野可春君東禅寺英国公使館争闘実歴談」『史談会速記録』一六七、一九〇七年
東京都港区教育委員会編『麻布山善福寺蔵　亜墨利加ミニストル旅宿記』東京都港区教育委員会、一九八四年
アーネスト・サトウ著、坂田精一訳『一外交官の見た明治維新』岩波文庫、一九六〇年
松井恒太郎編著、下野歴史学会編『宇都宮城主戸田御家記』編集工房随想舎（復刻）、一九八九年
A・B・ミットフォード著、長岡祥三訳『英国外交官の見た幕末維新―リーズデイル卿回想録』講談社学術文庫、一九九八年
高谷道男編訳『S・R・ブラウン書簡集』日本基督教団出版局、一九六五年
ロバート・フォーチュン著、三宅馨訳『幕末日本探訪記　江戸と北京』講談社学術文庫、一九九七年
近世史料研究会編『江戸町触集成』第一七～一八巻、塙書房、二〇〇二年
斎藤幸雄他『新訂　江戸名所図会』一、ちくま学芸文庫、一九九六年
菊池貫一郎著、鈴木棠三編『絵本江戸風俗往来』平凡社東洋文庫、一九六五年
原島陽一・松尾正人「岡谷文書―幕末明治書翰類―（二）」『史料館研究紀要』二五、一九九四年
東京都港区教育委員会編『周光山済海寺蔵　外国書願留』東京都港区教育委員会、一九八七年
神奈川県県民部県史編集室編『神奈川県史』資料編一〇近世（七）海防・開国、神奈川県、一九七八年
森銑三・金澤復一編『金澤丹後文書』一、東京美術、一九六八年

鹿児島県歴史資料センター黎明館編『鹿児島県史料　鎌田正純日記三』鹿児島県、一九九一年
『古事類苑』官位部三、古事類苑刊行会（複刻）、一九三〇年
朝倉治彦解説『御府内寺社備考』七、名著出版、一九八七年
「座右日記」『川路聖謨文書』第七、日本史籍協会、一九三四年
長井実編『自叙益田孝翁伝』中公文庫、一九八九年
「史談会記事」『旧幕府』三―九、一八九九年
横浜ユーラシア文化館・横浜市歴史博物館編『シュリーマン直筆幕末日記―1865年の横浜と江戸』（福原庸子訳）公益財団法人横浜市ふるさと歴史財団、二〇一七年
蘆田伊人編・校訂『新編武蔵風土記稿』第三巻、大日本地誌大系九、雄山閣、一九七〇年
『杉浦譲全集』第一巻、杉浦譲全集刊行会、一九七八年
「潜中始末」日本史籍協会編『清河八郎遺著』東京大学出版会（復刻）、一九七六年
通信全覧編集委員会編『続通信全覧』雄松堂出版、一九八三～一九八八年
類輯之部　館舎門　公使館「殿山公使館一件」「高輪接遇所英国仮公使館一件」「田町外国人上陸場一件」、館舎門　止宿所「瑞西岡士止宿所一件」、警衛門　旅館「各国公使旅館警衛一件」
編年之部　二六九・二七三　蘭国往復書翰
黒板勝美・国史大系編修会編『続徳川実紀』第五篇、吉川弘文館、一九六七年
桜木章『側面観幕末史―幕末維新落書集成―』上、青史社、一九七五年
オールコック著、山口光朔訳『大君の都―幕末日本滞在記』岩波文庫、一九六二年
岡本種一郎編『立花種恭公の老中日記』三池郷土館、一九八一年

「天寿室日記」高橋正彦「東禅寺所蔵「天寿室日記」について」『史学』四三―一・二、一九七〇年
川路聖謨著、川田貞夫校注『東洋金鴻―英国留学生への通信』平凡社東洋文庫、一九七八年
大山瑞代「ナソー・ジョスリン書簡集」『横浜開港資料館紀要』一七、一九九九年
「日本貿易新聞」第七六号、北根豊編『日本初期新聞全集』四、ぺりかん社、一九八七年
「日本貿易に関するリンダウ使節報告書」中井晶夫『初期日本＝スイス関係史』風間書房、一九七一年
林董著、由比正臣校註『後は昔の記　他―林董回顧録』平凡社東洋文庫、一九七〇年
日本史籍協会編『幕府衰亡論』東京大学出版会（復刻）、一九七八年
大山瑞代訳、吉良芳恵解説『幕末維新を駈け抜けた英国人医師―甦るウィリアム・ウィリス文書』創泉堂出版、二〇〇三年
石井良助・服藤弘司編『幕末御触書集成』第六巻、岩波書店、一九九五年
東京帝国大学文科大学史料編纂掛編『大日本古文書　幕末外国関係文書』東京帝国大学文科大学史料編纂掛、一九一〇年～
細川家編纂所編『改訂肥後藩国事史料』巻五、国書刊行会（復刻）、一九七三年
福沢諭吉著、富田正文校訂『新訂福翁自伝』岩波文庫、一九七八年
慶應義塾編『福澤諭吉書簡集』第一巻、岩波書店、二〇〇一年
翻刻稲垣敏子・校正解説樋口雄彦「福田重固手控「陸軍局御用留」」『横浜開港資料館紀要』二九、二〇一一年
斎藤月岑『武江年表』二、平凡社東洋文庫、一九六八年
鈴木棠三・小池章太郎編『藤岡屋日記』九～一五巻、三一書房、一九九一～一九九五年
「別手組雇放」外務省編纂『外務省沿革類従』クレス出版、一九九七年

岡部一興編『ヘボン在日書簡全集』教文館、二〇〇九年
「村垣淡路守公務日記」『幕末外国関係文書』附録六、一九六六年

◉未刊行史料

「斬奸趣意書」（広江昭夫家文書）茨城県立歴史館蔵
「〔英吉利人仮止宿所難渋ニ付〕歎願書写」（池田家文庫藩政史料）岡山大学附属図書館蔵、早稲田大学中央図書館蔵マイクロフィルムを利用
「亜墨利加官吏参上御用留」一、宮内庁書陵部図書寮文庫蔵
「外国掛下役届」上（『旧幕府引継書』第四集）、「市中取締続類集」仮宅之部（同第一集）国立国会図書館蔵
「外国人宿寺固之留」（内閣文庫）国立公文書館蔵
「別手組出役之儀ニ付申上候書付」（内閣文庫多聞櫓文書）国立公文書館蔵
「異人館取建地之儀ニ付内密奉歎願候書付」（南品川宿名主利田家文書）品川区立品川歴史館蔵
「森山多吉郎日記」（維新史料引継本）東京大学史料編纂所蔵
「英国公使館附兵士ニ飲酒セシメタル本邦人罪科請求一件」「高輪泉岳寺ニ於テ英国仮公使館造営一件」「各国官舎事件」乾・坤（以上、外務省引継書類）東京大学史料編纂所蔵
「有栖川宮日記」「甲子雑録」「庭田嗣子日記」「奥右筆手留」「風聞記」（侯爵池田仲博蔵）「慶応丁卯筆記」（侯爵池田仲博所蔵）（以上、『大日本維新史料稿本』）東京大学史料編纂所蔵
「反正紀略」東京大学史料編纂所蔵
「亜墨利加使節対話書」（下総佐倉藩堀田家文書）日産厚生会佐倉厚生園蔵、早稲田大学中央図書館蔵マイクロフ

イルムを利用
「安政六未年　同七申年　江戸詰合中日記」（遠山家旧蔵本）八戸市立図書館蔵
「善福寺出張中日記」港区立郷土歴史館蔵
「〔異国・異人関係御用留〕」（南品川宿名主利田家文書）立正大学蔵、品川区立品川歴史館寄託

⦿英文史料

Illustrated London News 1866. 4. 7　横浜開港資料館蔵本を利用
North China Herald 1861. 3. 16　横浜開港資料館蔵複製本を利用
"Consul Harris in Japan" *Littell's Living Age* 60, 1859（『幕末明治アメリカ雑誌日本関係記事集成』）早稲田大学中央図書館蔵マイクロフィルムを利用
Francis Hall, F. G. Notehelfer ed., *Japan Through American Eyes: The Journal of Francis Hall Kanagawa and Yokohama 1859–1866*（Princeton University Press, Princeton, 1992）
Townsend Harris, Mario Emilio Cosenza ed., *The Complete Journal of Townsend Harris, first American consul general and minister to Japan*（Doubleday, New York, 1930）本書では『ハリス日記』と略記
Ernest Mason Satow, Robert Morton, Ian Ruxton ed., *The Diaries of Sir Ernest Satow: 1861–1869*（Eureka Press, Kyoto, 2013）
ロバート・H・プライン文書（Robert Hewson Pruyn Papers）、オルバニー歴史文化研究所（Albany Institute of History & Art）蔵
アメリカ国務省文書（Records of the Department of State）の内、駐日公使から国務省宛報告書（Diplomatic

Despatches, Japan N.A.M.133)。1858年No. 6 May 4, 1858江戸のハリスから国務省（Secretary of State）宛書簡、アメリカ国立公文書館（National Archives and Records Administration）蔵、横浜開港資料館蔵複製本を利用
イギリス外務省文書（Foreign Office Papers）の内、日本関係文書（General Correspondence, Japan）F.O.46/25/No. 60, F.O.46/8/No. 41　イギリス国立公文書館（The National Archives）蔵、横浜開港資料館蔵複製本を利用

研究書・論文

※原則として本書で直接参照したものを掲げるが、一部、本書の背景を理解するうえで有用な文献も含めた。

秋月俊幸「ロシア人の見た開港初期の函館」『地域史研究　はこだて』三、一九八六年
荒野泰典『近世日本と東アジア』東京大学出版会、一九八八年
石井孝『日本開国史』吉川弘文館、一九七二年
石井孝『増訂明治維新の国際的環境』吉川弘文館、一九六六年
岩崎信夫「幕末別手組の活動と身分」『日本歴史』七八五、二〇一三年
岩淵令治「大名家の江戸の菩提寺の成立と当主の「葬地」」『江戸武家地の研究』塙書房、二〇〇四年
岩淵令治「八戸藩江戸勤番武士の日常生活と行動」『国立歴史民俗博物館研究報告』一三八、二〇〇七年
宇都宮市史編さん委員会『宇都宮市史　近世通史編』宇都宮市、一九八二年
片桐一男『江戸のオランダ人―カピタンの江戸参府―』中公新書、二〇〇〇年
紙屋敦之『大君外交と東アジア』吉川弘文館、一九九七年

川崎晴朗『幕末の駐日外交官・領事官』雄松堂出版、一九八八年
小風秀雅『帝国主義下の日本海運―国際競争と対外自立―』山川出版社、一九九五年
佐藤誠朗『幕末維新の民衆世界』岩波新書、一九九四年
佐野真由子『オールコックの江戸―初代英国公使が見た幕末日本―』中公新書、二〇〇三年
佐野真由子「幕臣筒井政憲における徳川の外交―米国総領事出府問題への対応を中心に―」『日本研究』〈国際日本文化研究センター〉三九、二〇〇九年。のち同『幕末外交儀礼の研究――欧米外交官たちの将軍拝謁』思文閣出版、二〇一六年に収録
『品川町史』中巻、品川町役場、一九三二年
陣内秀信『東京の空間人類学』筑摩書房、一九八五年
台東区史編纂専門委員会編『台東区史』通史編Ⅱ上巻、東京都台東区、二〇〇二年
高橋善七『初代駅逓正　杉浦譲―ある幕臣からみた明治維新―』日本放送出版協会、一九七七年
竹村到「東禅寺の歴史的概略」港区教育委員会事務局図書・文化財課文化財係（港区立港郷土資料館）『佛日山東禪寺　最初のイギリス公使館跡に係る現況確認調査報告書』港区教育委員会、二〇〇九年
仲尾宏『朝鮮通信使と江戸時代の三都』明石書店、一九九三年
萩原延壽『遠い崖―アーネスト・サトウ日記抄―』一～一四、朝日新聞社、一九九八～二〇〇一年
坂野正高『近代中国外交史研究』岩波書店、一九七〇年
尾藤正英「尊王攘夷思想」『岩波講座日本歴史』一三　近世五、岩波書店、一九七七年
藤田覚『近世後期政治史と対外関係』東京大学出版会、二〇〇五年
藤森照信『明治の東京計画』岩波書店、一九八二年

レイニアー・H・ヘスリンク「ヒュースケン暗殺事件」『東京大学史料編纂所研究紀要』六、一九九六年

宮城栄昌『琉球使者の江戸上り』第一書房、一九八二年

宮本由紀子「吉原仮宅についての一考察」地方史研究協議会編『都市の地方史—生活と文化』雄山閣出版、一九八〇年

矢野仁一『アロー戦争と圓明園—支那外交史とイギリス　その二—』中公文庫、一九九〇年（弘文堂書店、一九三九年）

横浜開港資料館編『世界漫遊家たちのニッポン—日記と旅行記とガイドブック—』横浜開港資料館、一九九六年

横浜市編『横浜市史』第二巻、横浜市、一九五九年

横浜都市発展記念館・横浜開港資料館編『港をめぐる二都物語』公益財団法人横浜市ふるさと歴史財団、二〇一四年

横山伊徳「東アジアの緊張と日蘭関係　一九世紀」『日蘭交流四〇〇年の歴史と展望』（日蘭交流四〇〇周年記念論文集　日本語版）日蘭学会、二〇〇〇年

Sir Hugh Cortazzi, "The First British Legation in Japan（1859–1874）" *The Japan Society of London Bulletin* No. 102 1984

Jack L. Hammersmith, *Spoilsmen in a "Flowery Fairyland": The Development of the U.S. Legation in Japan, 1859–1906*（The Kent State University Press, Kent, 1998）

J.E. Hoare, *Embassies in the East: The Story of the British Embassies in Japan, China and Korea from 1859 to the Present*（Curzon Press, Richmond, 1999）

※本書の内容は以下の拙稿等ですでに紹介されている部分と、新たに書き下ろした部分がある。

港区立港郷土資料館編『江戸の外国公使館』港区立港郷土資料館、二〇〇五年　＊全体に関係

吉﨑雅規「幕末江戸の外国公館」港区立港郷土資料館編『江戸の外国公使館』港区立港郷土資料館、二〇〇五年　＊第一章・第三章の一部

――「『江戸の外国公使館』資料解説」『研究紀要』〈港区立港郷土資料館〉九、二〇〇七年　＊全体に関係

――「御殿山外国公使館の選定経緯について」『品川歴史館紀要』二四、二〇〇九年　＊第二章の一部

――「オルバニー歴史文化研究所蔵駐日米公使プライン文書の日本関係資料」『研究紀要』〈港区立港郷土資料館〉一二、二〇一〇年　＊第二・三章の一部

――「開港されなかった江戸」『開港のひろば』（横浜開港資料館）一二三、二〇一四年　＊第一章の一部

――「品川・高輪、酒をめぐる事件簿―幕末江戸の外国人と酒―」ほろよいブックス編集部編『ほろよいブックス5　東京府のマボロシ』社会評論社、二〇一四年　＊第二章の一部

――「幕末の「首都」江戸と外交使節―安政4年、ハリスの江戸参府をめぐって―」『年報　首都圏史研究2015』五、二〇一五年　＊第一章の一部

――「シュリーマンが見た幕末の横浜と江戸」天理大学附属天理参考館編『ギリシア考古学の父シュリーマン―ティリンス遺跡原画の全貌』山川出版社、二〇一五年　＊第二・第三章の一部

――「港をめぐる二都関係―江戸・東京と横浜」陣内秀信・高村雅彦編『水都学V　特集水都研究』法政大学出版局、二〇一六年　＊第一章の一部

――「日米修好通商条約はどこで結ばれたのか」『開港のひろば』一四六、二〇一九年　＊第一章の一部

関連年表

和暦	西暦	月・日	出来事
安政元年	一八五四	三・三	幕府、ペリーと日米和親条約を締結。
安政三年	一八五六	七・二一	ハリス、アメリカ駐日総領事として下田に来航。
		九・二七	ハリス、江戸出府を求める手紙を老中に書く。
安政四年	一八五七	二・三	ハリス、下田奉行井上清直に、外国では重要な交渉は首都でおこなうことから、江戸での交渉を希望。
		六・一七	老中阿部正弘、死去。
		七・二	老中堀田正睦、ハリス出府時の応接について調査を命じる。
		七・二四	御三家・御三卿にハリス参府を許可する将軍の内意が示される。
		八・一七	ハリスを江戸に呼び寄せることが江戸の町に触れられる。
		一〇・一四	ハリス、江戸に入る。
		一〇・二六	ハリス、堀田正睦に公使駐在と自由貿易を要求。
		一一・一五	幕府、ハリスと堀田正睦の対話書を大名に開示し意見を募る。
		一二・一一	幕府とハリス、条約交渉を開始する。
安政五年	一八五八	二・五	堀田正睦、京都に到着。条約締結に関する朝廷への調整を開始。
		三・一〇	オランダ代表クルチウス、条約交渉をおこなうため江戸に入る。
		三・二〇	朝廷、条約調印に反対する勅諚を堀田正睦に渡す。

		四・二三	井伊直弼、大老になる。
		五・一六	イギリス、清と天津条約を調印（１８５８年６月26日）。
		六・一三	ミシシッピー号下田入港、清の情勢をハリスに伝える。
		六・一七	ハリス、下田から神奈川沖へ急行。
		六・一九	幕府、ハリスと日米修好通商条約を締結。
		七・六	13代将軍徳川家定、死去。
		七・八	外国奉行設置。
		七・一〇	クルチウスと日蘭修好通商条約締結。
		七・一一	プチャーチンと日露修好通商条約締結。
		七・一八	エルギンと日英修好通商条約締結。
		九・三	グロと日仏修好通商条約締結。
安政六年	一八五九	一・一六	幕府、開港地への移住・自由商売を認める。
		三	横浜の町づくりが本格的にはじまる。
		五・六	イギリス駐清公使ブルース、上海に到着（１８５９年６月６日）。
		五・一七	イギリス艦隊白河口で清側と交戦（１８５９年６月17日）。
		五・二六	イギリス総領事オールコック、江戸沖に到着。
		五・二七	アメリカ公使ハリス、老中太田資始に江戸における住居を求める。
		六・二	神奈川・箱館・長崎開港。
		六・七	オールコック、東禅寺に入り総領事館を設置。
		六・八	ハリス、善福寺に入り公使館を設置。
		七・二一	ロシア使節ムラヴィヨフ、江戸に上陸する。

年号	西暦	月日	事項
		七・二七	横浜でロシア人士官殺傷事件発生。
		八・二六	フランス総領事ド・ベルクール、済海寺に入り総領事館を設置。
		八・二七	川路聖謨・岩瀬忠震・永井尚志など逼塞となる（安政の大獄）。
		一〇・一一	フランス領事代理召使の清国人、横浜で殺害される。
万延元年	一八六〇	一・七	イギリス総領事館通弁伝吉、東禅寺前で殺害される。
		一・一五	安藤信正、外国掛老中に就任。
		二・五	横浜でオランダ商人デ・フォスらが暗殺される。
		二・一〇	仙台藩、外国人の東禅寺滞在により法事が滞っていることを幕府に訴える。
		二・一一	老中脇坂安宅、江戸の外国公使館用地を決定することを外国奉行に指示。
		二・二八	外国奉行、警備人員を番方から出向させるよう老中に要望する。
		三・三	井伊直弼、暗殺される（桜田門外の変）。
		閏三・一九	五品江戸回送令。
		四・五	品川宿、御殿山の外国公使館建設に反対する願書を代官に提出。
		八・二七	猿若町、火災に遭う。
		九・一七	済海寺で旗番ナタールが襲撃される。
		九・二九	吉原遊廓、火事で焼失。
		一〇・二三	町奉行、新吉原に仮宅営業地区を通達。外国人への配慮を求める。
		一一・二三	幕府、江戸の外国公館の警備を大名に命じる。
		一二・五	アメリカ公使館通訳官ヒュースケン、暗殺される。
		一二・一六	オールコックら、幕府の警備体制を非難して横浜に退去。
		一二・二一	大目付・目付、公使館用地に関する意見書を老中に提出。

和暦	西暦	月日	事項
文久元年	一八六一	一・一八	外国御用出役、創設される。
		一・二一	オールコック、ド・ベルクール、横浜から江戸に戻る。
		二・二七	オールコック、江戸の外国公使館を御殿山に設置することを認める。
		五・二八	水戸浪士ら、東禅寺を襲撃（東禅寺事件）。
		七・六	岡山藩、位牌の移転を東禅寺に通達。
		七・一一	幕府、勘定奉行松平康正らを御殿山公使館の御普請御用取扱に任じる。
		八・二〇	宇都宮藩、善福寺の警備を命じられる。
		八・二〇	オールコック、東禅寺のイギリス兵に飲酒させた日本人の処罰に関して老中に要望。
		九・五	宇都宮藩、善福寺の警備を免じられる。
		一〇・二五	幕府、東禅寺境内に酒を売り込まないよう町触を発する。
		一一・一七	御殿山の地ならしが品川三宿が請け負うかたちで実施される。
		一二・二二	文久遣欧使節、両都両港開市開港延期交渉のため欧州へ出発。
文久二年	一八六二	一・一五	老中安藤信正、坂下門外で水戸浪士らに襲われ負傷（坂下門外の変）。
		四・一一	安藤信正、老中を辞職する。
		五・二九	松本藩士伊藤軍兵衛、東禅寺のイギリス護卒を刺す（第二次東禅寺事件）。
		六・一〇	勅使・大原重徳、徳川家茂に攘夷を命じる。
		八・二一	薩摩藩士、生麦村でイギリス人を殺傷（生麦事件）。
		一二・一二	高杉晋作ら、御殿山のイギリス公使館を焼き討ちする。
		一二・一三	幕府、諸大名に攘夷の方針を布告。
文久三年	一八六三	二・一三	徳川家茂、江戸を出発して上洛の途につく。

和暦	西暦	月日	事項
		二・一九	イギリス代理公使ニール、生麦事件の賠償条件提示、20日間以内の回答を求める。
		四・七	善福寺火災に遭う。以降、アメリカ公使プラインは横浜へ退去。
		五・九	老中格小笠原長行、生麦事件の償金を交付する。
		五・一〇	長州藩、下関でアメリカ商船ペムブローク号を砲撃。
		五	浪士の押込みが江戸・横浜で横行。
		七・二	鹿児島でイギリス艦隊と薩摩藩が交戦（薩英戦争）。
		九・一三	外国御用出役、別手組と改称される。
		九・一四	老中水野忠精、江戸でプライン、オランダ総領事ポルスブルックに横浜鎖港を提議。
		一〇・二五	外国貿易で利潤をあげる商家の多くが押込にあう。この日以降生糸貿易停止。
		一二・五	済海寺、外国人不在時の警備の強化を嘆願。
元治元年	一八六四	三・二七	天狗党、筑波山で挙兵。
		六・四	白河藩、善福寺の警備を命じられる。
		六・一二	善福寺付近で、同寺襲撃の檄文が見つかる。
		六・一三	白河藩、善福寺の警備を免じられる。
		八・五〜八	下関で英仏米蘭と長州藩が交戦する（下関戦争）。
		九・五	英米仏蘭代表、江戸に入る。生糸貿易再開される。
		九・二二	四国代表と幕府、下関賠償の約定調印。
		一〇・二二	イギリス士官ボードウィンら、鎌倉で殺害される。
		一一・二九	ボードウィンの殺害犯とされた清水清次が処刑される。

和暦	西暦	月日	事項
慶応元年	一八六五	二・一一	イギリス代理公使ウィンチェスター、泉岳寺を公使館として要望する。
		五・一六	徳川家茂、江戸から進発の途につく。
		閏五・三	シュリーマン、江戸へ入る。
		閏五・一六	イギリス公使パークス、横浜に着任。
		六・一三	パークス、泉岳寺前を公使館敷地として希望する。15日幕府応諾。
		九・一三	パークスら、条約勅許を求めるため艦隊とともに横浜を出発し兵庫に向かう。
		一〇・五	孝明天皇、条約を勅許する。
		一一・二六	若年寄立花種恭、横浜から多摩川まで馬車に乗る。
慶応二年	一八六六	一・七	ポルスブルック、長応寺の増築を促す書簡を送る。
		三・一	幕府、パークスに宿寺における日本人との交際を許可。
		三・二六	イギリス公使館高輪接遇所が完成し、勘定奉行が見分。
		三	江戸で二頭建ての馬車が見られる。
		四・七	幕府、学術修行・貿易のための海外渡航を許可。
		五・八	老中、軍事関係の奉行に、日常の洋装をとがめる通達を出す。
		七・二〇	徳川家茂、大坂城で死去。
		八・五	ポルスブルック、馬車通行のため伊皿子坂の補修を要望。
		一〇・五	和宮、外国人が丸の内まで往来することへの苦情を述べる。
		一一・三	幕府、出火・登城の際に洋風の戎服を着用することを旗本に命じる。
		一一・二六	太平洋郵船、サンフランシスコ—横浜—香港線を開設。
		一二・五	徳川慶喜、将軍に任ぜられる。
		一二・二五	孝明天皇崩御。

年	西暦	月日	出来事
慶応三年	一八六七	二・二七	上野山内、外国人の制止が行き届かないことから花見客の出入を禁じる。
		三・二八	徳川慶喜、英仏蘭の3ヶ国代表と大坂城内で公式の会見をおこなう。
		五・一	老中井上正直、江戸でイギリス公使を初訪問。
		五・一二	幕府、御府内・近郊の茶屋・芝居への外国人立入を許可。
		五・二五	外国奉行、町奉行に外国人が吉原を訪れた際の対応について連絡。
		六・七	幕府、築地居留地を開くことを布告。
		七・四	外国惣奉行並朝比奈昌弘、町奉行並兼務を命じられる。
		一〇・一四	大政奉還。
		一〇後半～	江戸では治安が悪化。
		一一・二	徳丸原で外国人と別手組が農民に捕らわれる。
		一二・二五	薩摩藩の芝屋敷が幕府に焼き討ちされる。
慶応四年／明治元年	一八六八	一・三、四	鳥羽・伏見の戦い。
		三・一三、一四	西郷隆盛・勝海舟、会談。江戸の無血開城が決まる。
		四・一一	江戸城接収。慶喜は水戸に去る。
		六・二八	築地ホテル館、部分的に開業。
		七・一七	江戸、東京と改称される。
		一〇・一三	明治天皇、東京に入る。
		一一・一九	築地居留地が開かれる。

凡例
・日付はすべて和暦（太陰暦）による。ただし、国外での出来事は西暦（太陽暦）を併記した。

あとがき

ここ一〇年ほどのあいだ、日本を訪れる外国人は急激にその数を増し、外国人とどのように向きあうのか、というテーマが日本にとって重要な問題として浮上しつづけている。このあとがきを書いている今（二〇二〇年四月初旬）、新型コロナウイルスの影響で日本は一時的に外国との往来に門を閉ざしているが、それもいずれ解除されるだろう。

しかしながら、本書のテーマに取り組みはじめた一五年ほど前、外国人の姿はさほど多かったわけではなく、いわゆる「インバウンド」などの言葉も聞かなかった。実際、二〇一八年には三一一九万人を記録した訪日外国人数は、二〇〇三年には五二一万人に過ぎなかったのである。

二〇〇五年、当時勤めていた田町の港区立港郷土資料館（現在は港区立郷土歴史館と改称し白金台に移転）で、「江戸の外国公使館」と題する特別展を担当した。港区は大使館の街である。展示ではそのルーツである幕末の公使館、そして外国人を、江戸という地域からとらえようとこころみた。

幕末の外国人が日本や江戸をどう見たかというテーマであれば、それに答え得る外国人の記録が、たとえばオールコックの『大君の都』のように、一般に紹介され知られている。一方、江戸の人たちとこの都市が外国人をどう見たのか、どのように対応したのか、ということはほとんどわかっていない。調べてみると、関連する歴史資料は意外に残っている。しかし、幕末の江戸に外国人がいた、というイメージがないせいか、分厚い研究蓄積がある都市史と対外関係史の文献を探ってみても、いくつかの論文をのぞくとほとんど研究がなされていなかった。くわえて、大学院時代の指導教官である故紙屋敦之氏（元早稲田大学教授）も、このテーマに研究面での発展性と意義があることを示唆された。そのようなわけで展示が終わってから、休日にテーマに関連する史料をあらためて少しずつ集めはじめた。

当時すでに、東京は来日する外国人とのあいだにさまざまな課題を抱えていた。幕末期の江戸とそこに住む人々が、外国人とどのように向きあっていたのか。そのつきあいのはじまりに生じたさまざまな問題をあきらかにすることは、現代的な意義が深いように思えた。

くわえてそのころ、幕末の江戸に関する史料を読み漁っていたのだが、江戸という魅力ある都市のなかの多様な地域の相貌、そして幕末維新という激動の時代の実像が、数多くの史料から浮かびあがってきており、テーマの舞台となる地域と時代の面白さにもだんだんと惹きこまれつつあった。当時、夜の東京を果てしなく歩きまわったことも、江戸という都市への理解を深めることにつながったかもしれない。しかも、幕末期の都市江戸というテーマは、都市史・対外関係史の双方からさほど主要なトピックと目されていないようでもあり、それが少々残念にも感じられた。

魅力あるテーマをつかんだにもかかわらず、勤め先が変わって東京から少し離れると、本書にあてる時間をなかなか得ることができず、書き上げるのにずいぶんと時間がかかってしまった。調べ足りない部分があるのは承知しているのだが、もはやいい加減まとめ上げることを、出版社のほか江戸という都市からも急かされているような気がしている。いずれにせよ、江戸と外国人との関係というテーマのみならず、幕末の江戸という時空の魅力を読者に伝えることができたとしたら、筆者としてはうれしい。

本書の調査・執筆と刊行については多くの方々より、ご教示・ご協力を得ている。研究テーマとしての可能性を示された故紙屋敦之氏、同成社を紹介いただいた滝口正哉氏（立教大学特任准教授）、出版を引き受けていただいた前社長の山脇洋亮氏、現社長の佐藤涼子氏にまずはお礼を申し上げたい。とくに佐藤涼子氏からはユーモアに富んだ励ましをいただきつづけた。現在の職場の上司である西川武臣氏（横浜開港資料館館長）には出版へ背中を押してもらったことを感謝している。オルバニー歴史文化研究所をはじめ、史料の閲覧について特段の便宜をはかっていただいた所蔵機関の皆さま、東禅寺ご住職の千代城博光氏をはじめ関係する寺院の皆さま、本書のもとにもなった講演・研究会・論文等の機会をいただいた皆さま、さらに、このテーマに取り組むことになったきっかけをあたえてくれた港区立港郷土資料館（現港区立郷土歴史館）にも感謝を申し上げなくてはならない。そして、執筆に集中できるよう筆者を支えてくれた妻文子にも感謝をしたい。お名前を記してお礼を述べておきたい方々は多いのだが、本書の形態からそれが叶わないことをお詫びするとともに、感謝の念とともに筆を擱きたい。

二〇二〇年四月

吉﨑雅規

幕末江戸と外国人

■著者略歴■

吉崎雅規（よしざき・まさき）

1974年　東京都に生れる。

2000年　早稲田大学大学院文学研究科修士課程（日本史学）修了。

港区立港郷土資料館・横浜都市発展記念館・横浜市歴史博物館を経て現在横浜開港資料館調査研究員。編著の図録に『江戸の外国公使館』（港区立港郷土資料館、2005年）、『港をめぐる二都物語』（横浜都市発展記念館、2014年）、『和船と海運』（横浜市歴史博物館、2017年）等。論文に「御殿山外国公使館の選定経緯について」（『品川歴史館紀要』24号、2009年）、「慶応四年佐賀藩の横浜駐屯」（『横浜開港資料館紀要』36号、2019年）等。

2020年8月1日発行

著者　吉崎雅規
発行者　山脇由紀子
印刷　㈱理想社
製本　協栄製本㈱

発行所　東京都千代田区飯田橋4-4-8
（〒102-0072）東京中央ビル
TEL　03-3239-1467　振替　00140-0-20618
㈱同成社

ISBN978-4-88621-848-3 C3321